KB119032

COLOR
PSYCHOLOGY

색채심리

| 정은주 · 김정훈 공저 |

학지사

머리말

    당신은 지금 무엇을 생각하고 있으며, 무슨 말을 하고 싶은가요? 기분은 어떠한가요? 무엇을 하고 있나요? 이 질문들에 대한 답을 누구에게 하고 싶나요? 누가 당신의 말을 들어주기를 바라나요? 우리는 눈을 뜨고 있을 때 항상, 심지어 잠을 자고 있을 때조차도 생각하고 느끼고 있으며 그것을 표현하고자 합니다. 그리고 그 표현을 어머니, 아버지, 친구, 선생님 그중 적어도 한 사람 누구라도 공감적, 수용적, 지지적으로 들어줄 때 우리 각자는 자기답게 성장하게 됩니다.

    자기답게 성장하는 것이 방해받을 때 성장은 멈추지만, 사람들은 자신의 이야기를 들어줄 또 다른 누군가를 찾게 됩니다. 그 누군가가 바로 상담자, 치료자가 될 때 멈춘 성장은 다시 걸음을 시작하고 각자의 속도로 살아가게 됩니다. 따라서 상담자는 성장을 하고자 하는 내담자의 곁에서 공감적, 수용적, 지지적인 태도로 존재해야 하는 것입니다.

    이러한 상담자를 통해 내담자의 성장을 위한 이야기는 다양한 방식의 언어로 표현됩니다. 주로 말이라는 익숙한 구어를 통해 표현하기도 하며, 글을 통해 의사소통을 시작하기도 합니다. 무용과 같은 몸의 움직임으로 자신을 표현하는 사람도 있습니다. 소리와 음악으로 자신의 생각과 감정을 표현하기도 합니다. 그리고 선과 색으로 경험의 이미지, 존재의 이미지를 표현하기도 합니다. 우리 곁에 존재하고 있는 소리와 몸짓과 그림은 언어 이전에 우리가 가지고 있던 우리 자신을 자연스럽게, 자기답게 표현할 수 있도록 하였던 한계가 없는 다양성을 가진 몸의 언어입니다.

    자연스럽게 표현하게 하는 몸의 언어를 멀리하고 자신의 언어가 아닌 표준화되고 객관화된, 타인의 음성과 문자언어로 우리 자신을 표현하게 될 때 우리는 우리의 자기를 잃게 되고 성장의 방향을 잃게 됩니다. 따라서 몸짓과 소리와 그림, 즉 무용, 음악, 미술은 우리가 자신답게 살아갈 수 있도록 돕는 매우 효과적인 의사소통 표현의 수단이 됩니다.

몸짓도 소리도 그림도 우리 내면의 표현 욕구에 따라 자연스럽게 흘러나오게 되지만 객관과 타인의 장벽에 갇혀 있다면 쉽게 그 장벽을 걷어 내고 나오기 힘들게 됩니다. 그럴 때 상담자는 내담자가 가지고 있는 성장의 욕구를 이해하고 표현할 수 있도록 도와야 합니다. 몸짓과 소리로 표현할 수 있도록 용기를 줄 수 있으며, 공감해 줄 수 있습니다. 색과 선으로 표현할 수 있도록 수용적이고 지지적인 분위기를 만들어 주어야 합니다.

미술치료사로서 임상장면이나 교육장면에서 만났던 많은 사람이 그림에 대해 자신 없는 반응을 하였으며, 그 반응의 밑면에 구체적으로 표현하고자 하는 욕구를 가지고 있다는 것을 알게 되었습니다. 그러한 욕구와 다르게 표현되는 결과물은 내담자를 더 답답하게 만들고 표현을 방해하기도 합니다. 몸의 언어 중 색과 선으로 자신을 표현할 수 있도록 돕는 방법 중 하나가 색채심리도안입니다.

색채심리도안은 내담자가 가진 그림에 대한 부담감을 줄이고 마음이 끌리는 도안을 선택하여 색과 선으로 표현하도록 돕는 방법입니다. 미술치료를 여는 장을 마련할 수도 있고, 삶의 이야기를 풀어내도록 자극하는 도구가 될 수도 있으며, 미래의 방향을 여는 안내자가 될 수도 있습니다. 그리고 그렇게 쓰이기를 바라며 이 책을 준비하게 되었습니다. 상담자, 치료자의 마음을 모두 담지는 못했지만 색채심리를 공부하던 학생들의 마음을 담았으며, 임상장면에서의 경험을 담았습니다.

이 책이 저자의 의도와 같이 도움이 되기를 바라며 이렇게 출간될 수 있도록 마음을 담아 교정과 편집을 해 주신 학지사의 박지영 선생님을 비롯한 많은 분께 감사의 마음을 전합니다. 그리고 우리와 이 세상에 함께하는 사람들에게 감사의 마음을 전하며, 우리와 우리가 만나는 많은 분의 행복을 위하여 이 책이 쓰이기를 바랍니다.

2015년 7월
연구소에서
정은주

차 례

제1부 색채심리 이론

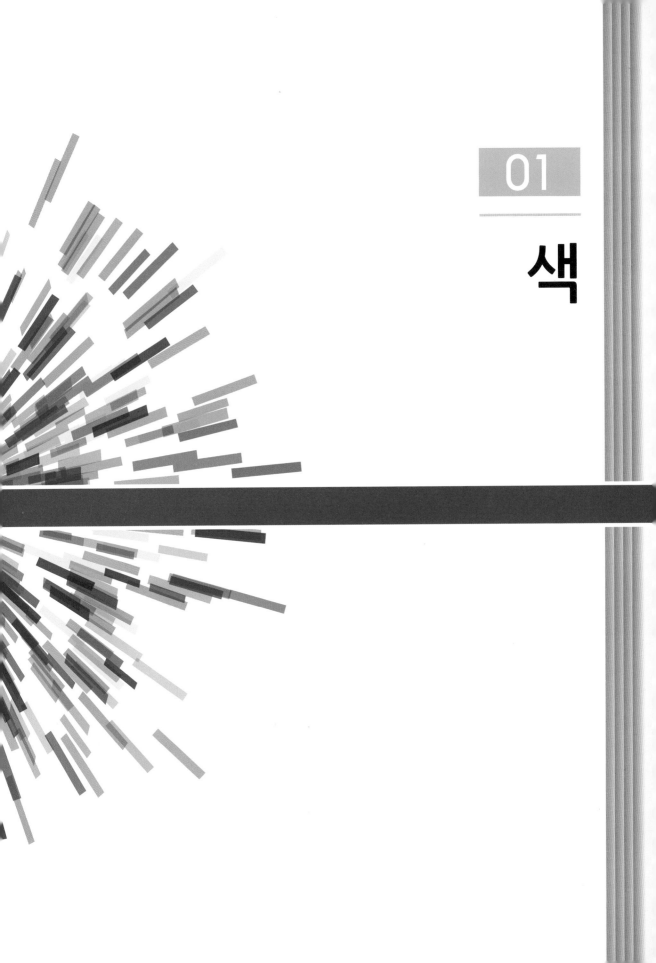

01

색

색

"지금 당신을 소개해 보세요."라는 질문에 한 초등학생은 "저는 ○○초등학교에 다니는 ○학년 ○반 ○○○입니다."라고 말하였다. 또 한 유치원생에게 커서 뭐가 되고 싶으냐고 물었더니 "개구리요."라고 답하였다. 언어 사용이 가능한 인간은 은유적이거나 상징적인 말로 자기를 표현하기도 하고, 비은유적인 언어, 즉 구체적인 말로 자기를 표현하기도 한다. 이렇게 말과 글로 표현되는 언어뿐만 아니라 소리와 리듬으로 나타나는 음악, 몸의 움직임으로 표현되는 무용, 그리기, 만들기로 나타나는 미술 등의 다양한 방식으로 인간은 자기를 표현한다.

인간이 성장하고 성숙한다는 것은 다양한 방식으로 자기를 표현할 수 있다는 것을 의미한다. 융(Jung)은 인간이 개성화됨에 따라 자기표현에서 더욱 세련되고 정교한 방식을 사용하게 된다고 하였다(Hall & Nordby, 2004). 성인은 종교, 사회제도, 문학, 무용, 음악, 미술 등 더욱 복잡한 형태의 상징체계를 사용하여 자기를 표현한다는 것이다.

다양한 상징적 표현방식만큼 상담과 심리치료에서도 내담자가 자기를 표현하고 이해하는 방식은 매우 다양하다. 전통적인 방식인 대화를 통한 언어상담뿐만 아니라 식물을 활용하는 원예치료, 음식을 활용하는 푸드치료, 악기와 음악을 활용하는 음악치료, 동화와 소설 등 문학을 활용하는 문학치료, 그리기와 만들기 등 미술을 활용한 미술치료가 있으며, 색채를 활용한 색채치료가 있다. 이렇게 사람들은 언어뿐 아니라 음식, 식물, 음악, 색 등 다양한 형식으로 자기의 사고, 행동, 감정을 표현한다. 내담자가 표현하는 사고, 행동, 감정은 주로 과거에 경험한 다양한 삶의 내용을 의미하는데, 삶이란 바로 우리가 살았던, 살게 되는 환경과의 관계를 의미한다. 그리고 경험이 일어나는 환경은 바로 다양한 색채의 세상이라고 할 수 있다. 그러한 환경을 후설처럼 객관적으로 바라보든, 하이데거나 사르트르처럼 주관적으로 경험하든 간에 이것은 색채로 물든 세상이라고 할 수 있다.

지금 여러분의 주변을 바라보면 누구와 함께 하든, 어떠한 일을 하든 간에 모든 것은 색으로 나타난다. 그러한 환경 속에 음악이 있고 누군가의 목소리가 있다고 하여도 또 누군가의 움직임이 있어 다른 느낌이라도 색과 함께 공존한다. 사람과 함께, 음악과 함께, 글과 함께, 몸의 움직임과 함께, 음식과 함께, 화초와 강아지와 또 다른 존재와 함께 색채가 있다.

인간이 언어로 자기를 표현하지 못하던 원시시대에도 색은 존재하였으며, 시간이 흘러 컴퓨터를 사용하는 현대에도 색은 여전히 우리와, 또 다른 존재와 함께 공존하고 있다. 자연의 색은 원시시대뿐만 아니라 지금도 변함없이 존재하며 우리를 편안하게 하듯 색은 우리를 둘러싸고 있는 환경 속에 존재하며, 우리에게 나타난다.

1. 색의 본질

색이 나타나는 것은 빛이 존재하기 때문이며, 태양이 존재하고 지구의 생성과 동시에 색이 나타났다고 볼 수 있다. 따라서 빛을 통해 우리는 환경의 색을 경험하게 되는 것이다. 색은 신체의 눈을 통해 경험하게 되는데, 우리가 보는 모든 것은 색을 가지고 있다. 우리 눈에 파프리카의 색은 초록색, 사과의 색은 빨간색으로 보인다. 그래서 사과의 색이 무슨 색이냐고 물으면 당연하게 빨간색이라고 말하지만 그것은 실제로 그들이 가진 고유한 색이 아니라 우리의 눈에 그렇게 보이는 것이다. 우리의 눈에 보이는 색은 빛이 사물에 비치고 사물이 가진 물질적 성질에 따라 빛이 반사, 흡수되고 투과되는 정도에 따라 다르게 보이게 된다. 그러니까 빨간 사과의 색은 사과가 다른 색은 흡수해 버리고 빨간색만 반사시켰기 때문에 반사된 빨간색이 우리 눈에 들어온 것이다. 사과는 빨간색을 좋아하지 않는 모양이다.

1) 색의 지각

　색을 본다는 것은 단순한 물체와 눈과의 관계만을 의미하는 것이 아니라 인간의 내부에서 일어나는 물리적 · 생리적 · 심리적 현상으로 보아야 한다. 태양빛을 받은 물체는 파장의 일부분을 흡수하고, 물체의 반사율에 따라 일부분을 반사하여 빛을 표면으로 내보낸다. 태양빛은 무색으로 느껴지는 백색광이지만 하나의 선이 아니라 감마선, X선, 자외선, 가시광선, 적외선, 마이크로파, TV파, 라디오파 등 매우 다양한 파장으로 이루어져 있다. 그중 우리 눈에 보이는 것은 가시광선으로, 380nm에서 780nm 내의 범위에 속하는 파장이다. 엄밀하게 말하면 일곱 가지 이상이라 셀 수가 없겠지만, 일반적으로 빨주노초파남보의 일곱 가지 파장으로 이루어져 있다고 본다. 물체의 표면에서 반사된 빛이 사람의 눈에 들어가 색이나 형태로 망막에 상이 형성된다. 망막에 있는 시세포가 상을 전기신호로 변화시켜 시신경을 통해 대뇌로 전달하게 되며, 대뇌는 기억되어 있는 정보나 개념과 결합하여 색으로 인식하게 된다.

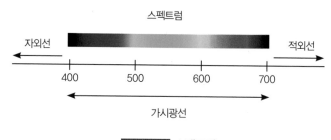

그림 1-1 스펙트럼

2) 색과 색채의 의미

사람이 시각으로 느낄 수 있는 빛을 가시광선이라고 하는데, 이 빛은 많은 색을 포함하고 있다. 색은 파장에 의한 에너지 분포의 차이를 식별할 수 있는, 우리가 눈을 통해 시감각으로 볼 수 있는 무채색을 포함한 모든 것을 말한다. 따라서 색채란 물체가 빛을 받을 때 빛의 파장에 따라 그 표면에 나타나는 특유의 빛을 색의 감각기관인 눈을 통해서 지각된 현상이다. 색이 물리적 의미라면, 색채는 일반적으로 심리적 의미라고 본다. 색채라고 말할 때는 무채색이 제외된 유채색을 말한다. 따라서 색채심리치료라는 표현은 유채색을 통한 심리치료를 의미한다.

색깔이란 빛깔이라고도 하는데, 색깔은 일상적이면서 주관적인 용어로 색채보다 더 감각적으로 느껴지지만 같은 의미다. 색깔은 색과 색채를 합쳐 놓은 광의의 개념으로 보기도 한다(권영걸, 김현선, 2011). 색각이란 빛에 따라 고유의 파장의 차이가 있는데, 이 파장의 차이에 따라 빛을 구별하는 감각으로, 생리적 현상으로서의 색의 차를 의미한다. 색감이란 색채에 대한 감각으로, 빛에서 오는 색에서 받는 느낌을 말한다.

우리는 흔히 색의 선호를 물을 때 '무슨 색 좋아해?' '무슨 색깔 좋아해?'라고 묻지 '무슨 색채 좋아해?'라고 묻지는 않는다. 색과 색깔은 우리가 일상적으로 사용하는 구어로 물리적인 차이와 주관적이고 심리적인 차이를 포함하는 용어다. 색과 색깔의 차이를 따지자면 색깔이 색보다 더 빛의 의미를 담고 있다고 본다. 색채는 색과 색깔처럼 물리적인 차이나 주관적인 의미만을 담고 있는 것이 아니라 객관적인 심리적 의미까지 포함한 보다 포괄적인 개념이면서 색에 대한 이론적 용어로 이해할 수 있다. 색각은 색에 대한 감각적 차이를, 색감은 색에 대한 주관적 느낌을 의미하는데, 보다 시각적 차이에서 오는 느낌을 말한다.

3) 색의 3속성

선명한 파랑, 하늘색, 어두운 파랑, 칙칙한 파랑, 이 색채는 공통적으로 파란색이지만 밝고 어두움, 선명함의 정도에 따라 조금씩 다른 색으로 보인다. 이처럼 색은 여러 가지 성질에 의해 분류되기도 한다. 색의 밝고 어두운 성질을 명도, 색감의 성질을 색상, 선명함의 정도를 채도라고 한다. 이들 세 가지 성질을 색의 3속성이라고 한다.

색상(Hue)은 H로 표현하며 색감으로 분류되는 색의 성질을 말한다. 스펙트럼상에서 빨강, 주황, 노랑, 녹색, 파랑, 남색, 보라색으로 나타나는데, 각 색상은 R, YR, Y, G, B, PB, P 등의 색상기호로 표시한다. 이 색상을 스펙트럼 순서대로 둥글게 배열한 원도표를 색상환이라고 한다. 색상은 명도와 채도를 모두 가지고 있으며, 무채색에는 색상이 없다.

색채에는 밝은 색이 있는가 하면 어두운 색도 있다. 이렇게 상대적인 명암에 관계되는 색의 속성, 즉 밝고 어두움에 따른 정도를 명도(Value)라고 한다. 명도가 가장 높은 색은 흰색이고 가장 낮은 색은 검정색이다.

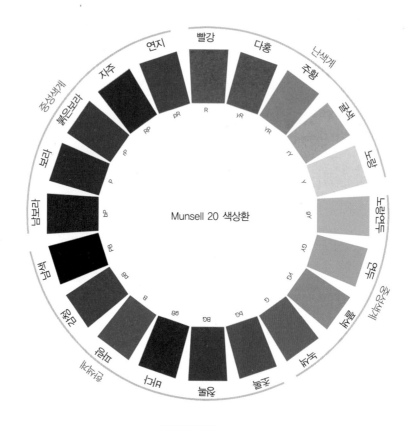

그림 1-2 색상환

같은 색상이라도 선명한 색이 있는가 하면 탁한 색도 있다. 색이 다른 색과 섞여 색의 순수한 정도가 낮아질 때 탁한 색이라고 한다. 채도(Chroma)란 같은 명도를 기준으로 순도가 높은 순색에서 순도가 낮은 탁색에 이르기까지 단계별로 표현되는 색의 성질을 말한다.

예를 들어, 색상 중 파랑(B)에 흰색(W)을 섞으면 하늘색(W/B)이 되는데 이 색은 명도가 높은 흰색을 섞었기에 파랑보다 명도가 높아진다. 하지만 이 색은 순수한 색이 아닌 혼합색이 되었으므로 채도는 낮아진다.

4) 유채색과 무채색

물체가 빛을 받았을 때 거의 모두 반사되면 흰색으로 보이고, 거의 모두 흡수되면 검은색으로 보인다. 색상이 아닌 이러한 흰색, 회색, 검은색은 밝고 어둠만을 가진 중립의 색으로 본다. 이 색의 무리를 무채색(Achromatic color)이라 하고 무채색 이외의 모든 눈에 보이는 색을 유채색(Chromatic color)이라고 한다. 무채색은 명도만 있고 채도는 0인 색이며 유채색은 색상, 명도, 채도가 나타난다.

2. 색의 대비

우리가 일상에서 색을 지각할 때, 하나의 색을 보고 그 후에 다른 색을 보게 되는 경우가 있는가 하면 동시에 두 가지 색 이상을 경험하기도 한다. 이러한 경험에서 색은 서로 영향을 미쳐 처음과 다르게 보이기도 하는데, 이를 대비효과라고 한다. 대비효과는 크게 계시대비와 동시대비의 두 가지로 분류할 수 있다. 색의 자극이 후에 본 색에 영향을 미쳐 다른 색으로 보이는 대비효과가 계시대비다. 두 가지 이상의 색을 동시에 볼 때 이 색이 서로 영향을 주어 단독으로 보았을 때와는 다른 색으로 보이는 현상을 동시대비라고 한다. 동시대비에는 명도대비, 색상대비, 채도대비, 보색대비, 연변대비, 면적대비, 한난대비가 있다.

1) 명도대비

명도가 다른 색을 대비시켰을 때, 색의 명도가 높게 보이거나 낮게 보이는 대비효과다. 일반적으로는 배경과 물체와의 관계에서 상대적으로 명도가 높은 색은 명도가 더 높게 보이며, 명도가 낮은 색은 명도가 더 낮게 느껴진다.

2) 색상대비

서로 다른 색상을 대비시켰을 때, 색감이 한쪽으로 기울어져 보여 색상차가 더 느껴지는 대비효과다. 노랑(Y)과 연두색(GY)을 대비시켰을 때보다 노랑(Y)과 파랑(B)를 대비시켰을 때에 색상차가 보다 뚜렷하게 나타난다.

3) 채도대비

서로 다른 채도의 색을 조합했을 때, 채도가 보다 높게 보이거나 낮게 보이는 대비효과다. 일반적으로 색을 대비시켰을 때 대비된 색보다 채도가 높은 색은 더 선명하게 보이고, 채도가 낮은 색은 더 탁하게 보인다.

4) 보색대비

보색관계의 색을 배열했을 때 서로의 색감이 강조되어 채도가 높게 느껴지는 효과다. 청록(BG)을 배경으로 빨강(R)을 대비시켰을 때, 두 색상이 서로 보색관계이므로 청록과 빨강이 각각 더 순수한 색으로 보이는 것을 말한다.

5) 연변대비

색과 색이 접하고 있는 경계 부분에서 색이 변화되어 보이는 대비효과다. 흰색에서 검정까지 명도 단계를 순차적으로 배열하면 그 경계 부분에서 각각 연변대비가 일어난다. 서로 접하고 있는 부분에서 명도가 높은 색은 인접부가 아닌 부분보다 더 밝게 보이고, 명도가 낮은 색은 보다 어둡게 보이며, 접한 부분이 아닌 곳은 보다 밝게 보인다.

6) 면적대비

색을 대비시켰을 때 같은 색이라도 면적이 넓을수록 색이 선명하게, 밝게 나타나는 현상을 말한다. 큰 면적의 색은 실제보다 명도와 채도가 높아 보이며 밝고 선명하게 보이나 큰 면적과 대비된 작은 면적의 색은 실제보다 명도와 채도가 낮게 보인다.

7) 한난대비

한난대비는 색의 차고 따뜻한 느낌의 지각 차이에 의해서 변화가 오는 대비현상을 말한다. 한난대비는 모든 색채대비에서의 기초적 감정으로 차가운 색과 따뜻한 색이 대비되었을 때 차가운 색은 더 차갑게 느껴지고 따뜻한 색은 더 따뜻하게 느껴진다.

3. 색의 감정적 효과

1) 한난감

한난감은 차갑고 따뜻한 색의 감각을 말하며, 색상에 의해 크게 나타난다. 일반적으로 따뜻한 느낌을 주는 빨강, 주황, 노란색을 난색, 추워 보이거나 차갑게 느껴지는 청록, 파랑, 청자색을 한색이라고 한다. 또 난색은 주로 팽창되어 보이며, 한색은 축소되어 보이기에 한색과 난색은 온도 감각뿐만 아니라 공간 감각 면에서 다르게 느껴진다.

2) 경연감

색의 경연감은 경중감과 마찬가지로 색의 명도와 관련이 깊다. 모두 중채도를 기준으로 하여 명도가 높은 색은 부드럽게 느껴지고 명도가 낮은 색은 딱딱한 느낌이 든다. 부드럽고 딱딱한 느낌인 경연감은 물체의 표면에서 경험되는 공감각을 의미한다.

3) 경중감

색의 가볍고 무거운 느낌을 경중감이라고 하는데 밝은 색은 가볍고 경쾌한 느낌이 들고, 어두운 색은 무겁고 차분한 느낌이 드는데, 이는 경중감이 명도에 의해 영향을 받는다는 것을 뜻한다. 즉, 고명도 색은 가볍고 저명도 색은 무겁게 보인다. 이러한 색에 대한 심리를 이용하여 컨테이너 같은 화물 상자나 대형트럭 등은 명도가 높은 색을 사용하는 것이 효과적이라고 할 수 있다.

4) 흥분감과 진정감

색은 우리의 마음을 안정시키기도 하고 움직이도록 자극시키기도 한다. 빨강, 주황 등 난색 계통의 채도가 높은 색은 흥분감을 주어 흥분색이라고 하며, 청록, 청자색 등 한색 계통의 채도가 낮은 색은 진정감을 주어 침착색이라고 한다.

5) 시간의 장단과 계절

빨간색 속의 시간은 느리게 느껴지고 파란색 속의 시간은 빠르게 느껴진다. 계절의 감정을 색채로 느낄 수 있는데, 봄은 연두색이나 노랑, 여름은 녹색이나 파랑, 가을은 주황, 겨울은 무채색을 연상시킨다.

4. 색의 혼합

두 가지 이상의 색을 섞어 다른 색을 만들어 내는 것을 혼색(mix colors)이라고 하고, 두 가지 색 이상을 섞어 나타나는 색을 혼합색(a mixed color)이라 한다. 혼합에는 가법혼합과 감법혼합이 있다.

1) 가법혼합

뉴턴(Newton)의 프리즘 실험을 통해 볼 수 있듯이 빛을 프리즘으로 분광하면 스펙트럼, 즉 여러가지 색의 띠가 나타난다. 이를 수렴렌즈로 모아 보면 다시 원래의 백색광이 된다. 둘 이상의 색광을 동일면 위에 투사하면 혼합색이 되는데, 이 혼합색은 원래의 색광보다 밝아진다. 빛이 혼합되어 밝아지므로 이를 가법혼색이라고 한다. TV나 연극무대에서 사용하는 조명, 컴퓨터 화면 등이 가법혼합의 예다.

2) 감법혼합

초록색 수채화 물감과 파랑색 물감을 섞으면 갈색이 만들어지듯 물체색인 두 장

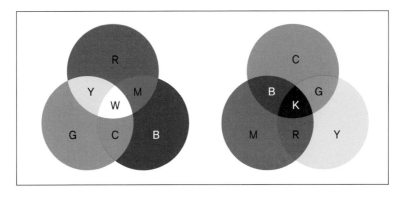

그림 1-3 가법혼색과 감법혼색

이상의 색 필터를 겹쳐 그 뒤에서 빛을 비추면 거기에 비쳐 나타나는 혼합색은 색 필터의 어느 색보다 어두워진다. 필터에 빛이 흡수되어 어두워지므로 이를 감법혼색이라고 한다. 물감을 섞어 만든 색이나 책을 만들 때 사용하는 오프셋 인쇄, 프린트기 등이 감법혼합의 예다.

02

정신분석
이론

정신분석 이론

1. 인간관

인간을 바라보는 프로이트(Sigmund Freud, 1856~1939)의 관점은 한마디로 결정론적이다. 프로이트에 따르면 인간의 행동은 무의식적 동기, 생의 초기 만 5세까지의 주요한 심리성적 발달단계에 따라 전개되는 생물학적 · 본능적 충동에 의해 결정된다는 것이다. 이러한 관점의 주된 배경은 다윈(Charles Darwin, 1809~1882)의 『종의 기원』으로, 여기서는 인간을 신의 축소판으로 바라보던 기존의 관점과 달리 과학적 관점에서 인간을 동물과 마찬가지로 종을 보존하려는 생존본능, 성적 욕구를 가진 존재로 보았다.

초기에는 성적 에너지를 리비도라고 정의하였지만 이후의 임상경험과 이론적 연구를 바탕으로 모든 삶의 본능 에너지를 리비도라고 수정함으로써 그 의미를 확장시켰다. 삶의 본능은 에로스로 생존에 기여하고, 성장과 발달을 추구하며, 죽음 본능인 타나토스와 대비된다. 전쟁을 겪으면서 인간은 때로 자신이나 타인을 죽이거나 해치려는 무의식적 소망을 행동으로 나타내는 것을 경험하고 공격적 욕동을 설명하기 위하여 죽음 본능을 정의하였는데, 억압된 성욕을 표현하는 것뿐만 아니라 공격적 욕동을 다스리는 것은 인간이 성장하고 인류가 공존하는 데 매우 중요한 의미를 지니게 된다.

2. 무의식과 지형학적 관점

프로이트는 브로이어(Breuer)의 환자인 안나 O(Anna O) 사례와 최면술 등을 통해 신경증이 나타나는 것은 기질적인 문제이거나 인간의 마음이 변형이 일어나는 것이 아니라 '무의식' 때문이며, 고통스럽거나 거부적인 내용을 억압하게 된다는 '무의식'의 개념을 정의하였다. 이는 정신분석에서 인간의 행동이나 성격의 문제를 이해하는 매우 핵심적인 개념으로 무의식은 직접적으로 알 수는 없지만 행동에서 추론될 수 있다. 꿈이나 말의 실수, 익숙한 내용의 망각, 최면에서의 암시, 자유연상에서 표현된 자료 등이다.

의식은 전체 마음의 얇은 표면에 불과하다. 빙산의 대부분이 수면 아래 놓여 있는 것처럼 마음의 대부분은 의식 아래에 있다. 이는 지형학적 관점으로 지각 아래에 맨틀, 핵이 있듯이 의식 아래에 전의식과 무의식이 존재한다는 것이다. 전의식은 의식이 지각하지 않는 필요 없는 내용이 존재하는 영역으로 의식이 요구할 때 언제든 사용할 수 있는 내용으로 구성되어 있다. 무의식에는 대부분의 경험, 기억, 억압된 재료가 저장되어 있으며, 접근할 수 없는, 의식 영역 밖에 있는 욕구나 동기로 억압에 의해 존재하게 된다. 무의식의 내용이 많아지면 많아질수록 억압하는 데 에너지를 쓰게 되므로 의식이 사용할 수 있는 정신 에너지가 줄어들어 환경에 적응하는 데 어려움을 겪게 되고 신경증 유발의 원인이 되기도 한다.

3. 심리성적 발달

프로이트는 환자를 대상으로 정신치료를 지속해 나감으로써 환자들의 현재 문제와 관련된, 만 5세 이전의 억압된 성적 자극이 있었음을 발견하여 유아성욕 이론을 발표하지만 이후에 실제로 환자들에게 그러한 직접적인 경험이 있었던 것이 아니라 성적 환상이 존재한다는 것을 발견하게 되었다. 이를 바탕으로 심리성적 발달단계를 제시하였다.

1) 구강기

리비도가 입, 혀 등 입 주변에 집중되어 있는 시기(0~1세)이며 어머니의 가슴에서 젖을 통해 리비도의 욕구를 만족시킨다. 유아는 기본적으로 어머니의 양육이 필요한데, 그 욕구가 적절히 충족될 때에는 다음 단계로 발달해 나가지만 그렇지 못하게 될 때에는 이 시기에 고착되고 의존적이거나 공격적인 성향을 보이게 된다. 자아가 형성되는 시기도 구강기 후기로 젖을 떼게 되는 때에, 어머니와의 분리에서 오는 고통스러운 현실을 극복하기 위해 어머니가 보여 준 모습을 내사하게 됨으로써 자아가 형성된다.

2) 항문기

리비도가 항문 부위에 집중되어 있는 시기(2~3세)이며 성격 형성의 중요한 부분이 된다. 항문기는 배변 훈련이 시작되는 시기이며 자신의 욕구를 조절하고 부정적 감정 표현을 배우는 것이 주된 발달 과제가 된다. 구강기에 어머니와의 관계에서 원만하게 욕구가 충족되었을 경우에는 어머니의 배변 훈련을 기꺼이 수용하게 되지만, 그렇지 않을 경우에는 준비되지 않은 상태에서 배변을 요구받는 경험은 분노를 유발한다. 따라서 타인의 요구에 예민하게 반응하거나 타인을 통제하려는 경향으로 나타나며, 어머니가 지나치게 허용적인 태도를 보인다면 통제와 조절이 잘 되지 않는 모습으로 나타날 수 있다.

3) 남근기

심리성적 발달단계에서 가장 중요한 시기(4~5세)로, 기본적인 갈등은 아이들이 성을 인식하고 이성의 부모에 대해 오이디푸스 욕구를 느끼기 시작하면서 비롯된다. 오이디푸스 콤플렉스는 소년이 어머니를 사랑하는 대상으로 여기지만, 갈등을 겪게 되는 이유는 아버지의 예절과 사회에 대한 교육적인 접근과 어머니에 대한 기대의 좌절에 기인한다. 결국 자신보다 강한 아버지를 동일시함으로써 초자아를 형성하게 되고 사회에 적응하는 모습을 보인다. 적절하지 못한 욕구의 좌절이나 어머니의 아버지에 대한 무시는 아이가 사회에 적응하지 못하는 부적응적 성격으로 고착되게 만든다. 아이의 성적 표현에 대해 부모가 어떻게 반응하는지가 아이의 성적 태도와 자아정체성에 영향을 미친다.

4) 잠복기

강한 성적 충동의 시기가 지나고 나면 리비도가 강하게 드러나지 않는 상대적으로 조용한 시기(6~12세)가 된다. 이 시기를 잠복기라고 하는데 리비도의 욕구는 학교생활의 활동, 놀이, 스포츠 등 다양한 새로운 활동으로 대치된다. 다른 사람들과의 관계를 형성하고 외부로 관심을 옮김으로써 사회화가 이루어지는 시기다.

5) 생식기

리비도가 성기에 집중되는 시기(13세~노년기)이며, 실제 성적 접촉을 통해 욕구를 충족시키려는 시기다. 이는 사춘기부터 시작해 노년기까지 지속된다. 사회적 금기와 제지가 있을지라도 청소년들은 이성과 관계를 형성하려고 하며, 예술과 스포츠 활동, 독립의 준비 등과 같은 사회적으로 수용할 수 있는 다양한 활동으로 성적 에너지를 표현한다.

4. 방어기제

억압이란 어린 시절에 자아가 감당할 수 없는 자극으로 인해 시작되고 성인기에도 어린 시절에 억압당한 내용과 유사한 자극에 대해 억압을 지속하게 된다. 억압이 심하면 신경증을 유발하기도 하지만 억압과 같은 방어기제는 자아가 불안에 압도되지 않도록 돕는다. 적절한 자아방어기제는 누구나 하는 정상적 행동으로 적응적 가치가 있으나, 자아가 사용하는 방어기제는 무의식 수준에서 일어난다.

1) 억압

억압은 가장 일차적인 방어기제로서 자아가 감당하기 어려운 고통스러운 생각이나 감정을 의식에서 차단하는 것으로, 다른 방어기제나 신경증적 장애의 시작이 된다. 억압은 의식에서 경험되는 어떤 것을 무의식으로 보내는 것이다. 억압과 억제는 일상적으로 동의어지만 그 차이는 의식적이냐 무의식적이냐에 있다. 다이어트를 하고 있는 사람이 살이 찌지 않기 위해 눈앞의 빵을 먹지 않는 것은 억압이 아닌 억제다.

2) 부인

부인이란 고통스러운 상황에서 개인이 생각하고 느끼며 지각한 것을 왜곡하는 것이다. 사랑하던 남편이 갑작스럽게 세상을 떠났는데 그 남편이 사망했다는 것을 인정하지 못하고 남편의 식사를 차리고 남편의 옷이나 사물도 버리지 않고 가지고 있는 아내의 행동은 부인의 예가 된다.

3) 반동 형성

위협적인 자극을 느끼면 반대의 욕구를 가진 것처럼 표현하기도 한다. 불안을 일으키는 욕망에 반대되는 태도나 행동을 하여 불안에서 자신을 보호하기 위한 방어기제다. 예를 들어, 아내가 아기를 낳지 못했는데 남편이 외도를 하여 낳은 아이를 아내가 키우게 되었을 때 그 아이를 보면 남편의 외도가 생각나 미운데도 괴롭히는 행동을 하지 않고 반대로 아이를 과잉보호하는 태도를 보이는 것이다.

4) 투사

인정할 수 없는 욕망이나 충동을 다른 사람에게 뒤집어씌우는 것을 투사라고 한다. 이성으로 보아서는 안 되는 대상을 이성으로 보고 충동을 느낄 때 이를 상대에게 투사하여 자신을 유혹하려 한다고 뒤집어씌우는 언행이 투사다. 자신이 화가 나 있으면서 인식하지 못하고 상대가 화를 낸다고 말하는 행동, 타인의 어떠한 행동이나 태도를 싫어하는 것도 타인의 것이라기보다 자신의 싫은 점이나 인정하지 못하는 부분일 수 있다.

5) 치환

원래의 대상이나 사람에게 감정을 표현할 수 없는 경우에 이것을 표현하기 쉬운 대상이나 사람에게 풀게 된다. 남편과 다투고 괜히 아이들에게 잔소리하는 아내의 행동이 이 예에 해당한다. 미워하는 감정과 반대로 보호하려는 행동은 반동 형성이지만 아내가 아이를 미워하는 것은 남편에 대한 미움, 외도에 대한 분노 등 억압한 감정의 치환이라고 할 수 있다.

6) 합리화

이솝우화에서 여우가 따 먹을 수 없는 울타리 너머의 포도를 보고 신 포도라고 생각하듯 우리는 상처받은 자아를 달래기 위해 유리한 이유를 만들어 낸다. 이를 합리화라고 한다.

7) 승화

성적 욕구, 공격성 등의 에너지를 긍정적인 방향으로, 사회적으로 허용되는 바람직한 방향으로 전환하게 되는 것을 말한다. 화가 나는 감정을 가지고 점토를 마구 두들기다가 새로운 멋진 작품을 만들어 낸다면 이는 승화가 될 수 있다. 화난 감정으로 점토를 두들기는 자체는 치환이지만 그 에너지를 가지고 새로운 것으로 표현하는 것은 승화가 된다.

8) 퇴행

극심한 스트레스 상황이거나 자신이 처한 상황에 대해 나이에 맞는 적절한 행동, 합리적인 행동을 하지 못하고 미성숙한 행동을 하게 되는, 즉 발달의 초기 단계로 되돌아가 버리는 행동을 말한다. 동생이 태어나서 엄마의 사랑을 독차지한다고 느껴지고 불안할 때 동생처럼 행동하면 엄마의 사랑을 받는다고 생각하여 동생처럼 아무데서나 배변하고 떼를 쓰는 등의 행동을 하게 되는 것을 말한다.

9) 동일시

어린 시절부터 자신이 가치 있는 존재가 되고 사회에 적응하기 위해 자신에게 이상적으로 보이는 사람의 사고, 태도, 가치관 등을 받아들여, 이상적 인물의 생각과 자신의 생각을 구분하지 못하고 자신의 것으로 여기는 것을 말한다.

10) 보 상

작은 고추가 맵다는 속담이 있다. 이는 자신의 한계나 약점을 만회하기 위해 약점을 숨기거나 장점, 긍정적 특성을 개발하는 것을 말한다. 자신의 외모에 대해 만족하지 못하는 사람이 자신의 약점을 보완하기 위해 많은 노력을 하여 근육을 키운다든지, 많은 자격증을 취득하는 행위 등이 이 예에 해당하며, 보상은 긍정적으로 볼 수 있지만 지나치면 에너지를 낭비하는 행동이 될 수 있다.

5. 성격 구조

1) 원자아

원자아(Id)는 심리적 에너지, 정신적 에너지의 원천으로 인간이 태어날 때의 정신적 상태이며 본능적인 상태를 의미한다. 원자아는 순수 에너지라고 생각하면 되는데, 예를 들어 보석이 되기 전 원석 같은 상태이거나 석유가 되기 전의 원유 상태라고 볼 수 있다. 다른 점은 정신적 에너지이기 때문에 원석처럼 가만히 있는 것이 아니라 자유롭게 움직인다는 것이다. 현대인보다 태초의 원시인의 상태를 상상하면 이해가 쉬울 것이다. 당연히 논리도 없고 도덕도 없으며 오직 본능적 욕구를 지닌 상태로 그 욕구가 생겨나면 욕구를 해결하려는 상태가 되는 것이다. 원자아의 에너지는 체계화되어 있지 않으며 따라서 계획적으로 움직이는 것이 아니라 충동적이며 맹목적인 형태라고 볼 수 있다. 외부 세계보다 내부 세계에 집중되어 있는, 고통을 피하고 욕구의 만족을 얻으려는 움직임을 가진, 현대인의 마음속에 있는 원시인의 상태라고 비유할 수 있다.

2) 자아

원자아가 마음의 내부와 관계를 한다면 자아(Ego)는 현실을 인식하고 경험하는 마음의 구조다. 자아는 현실에 존재하기 위해 내면의 상태, 즉 원자아를 통제하고 조절하여 환경과 원만한 관계를 유지하게 된다. 따라서 자아는 현실적이고 논리적인 상태이며, 계획적인 상태다. 원자아는 무의식 상태라고 할 수 있는데, 자아는 의식적이기도 하고 무의식적이기도 하다. 자아가 방어기제를 사용할 때 이는 의식적인 움직임이 아니라 무의식적인 움직임이기 때문이다. 여기서 한 가지 질문을 하고자 한다. 어느 한 환자가 자신의 성적 욕구를 충족시키기 위해 가족에게 자신이 있을 시간이나 장소에 대해 미리 거짓말을 해 두고 행동하는 것은 원자아의 행동일까, 자아의 행동일까? 겉으로 보기엔 이를 계획하고 행동하기 때문에 의식적인 것이라고 볼 수 있는데 이는 의식적이라기보다 무의식적이라고 할 수 있다. 욕구가 일어나면 그 에너지를 자아가 통제하지 못하고 사회에 반하는 행동임에도 불구하고 만족을 추구하는 방향으로 행동하기 때문이다. 따라서 자아가 무의식의 행위를 통제하지 못하는 상태라고 볼 수 있다.

3) 초자아

원자아가 '내 안의 동물'이라면 초자아(Super Ego)는 '내 안의 판사'라고 할 수 있다. 초자아는 도덕이고 윤리이며 엄격한 질서다. 도로를 건너야 하는데 횡단보도가 500m 거리에 있다. 원자아는 뭐라고 할까. 물론 '여기서 건너!'라고 하겠지만 초자아가 완강하게 말한다. '안 돼! 횡단보도에서 건너야 해!' 이렇게 초자아는 하려는 행동이 옳은지 틀린지, 선한지 악한지를 판단한다. 자아가 현실 원칙을 내세운다면 초자아는 이상을 추구하기에 원자아의 쾌락이 아닌 완벽함을 추구한다. 초자아는 철학자가 말하는 이성의 이상적 상태라고 볼 수 있을 것이다. 초자아는 자녀가 남근기에 아버지를 동일시하면서 형성되는 것이다. 아버지가 보여 주는 전통적 가치나 예의범절, 도덕 등이 내면화되어 정신의 한 구조가 되는 것이다. 그래서 초자아를 따를 때

는 자부심을 느끼겠지만 초자아를 어기게 될 때는 아버지가 꾸중하는 것처럼 내면의 처벌을 받아 죄책감이나 열등감을 느끼게 되는 것이다.

6. 치료 목표와 과정

1) 치료 목표

프로이트 정신분석 치료의 목표는 자아와 초자아가 형성된 이래로 억압된 무의식의 내용을 의식화함으로써 정신적 에너지를 억압하는 데 사용하지 않고 자아가 사용할 수 있도록 하여 자아를 강화시키는 것이다. 예를 들어, 철수는 100의 정신 에너지 중 30%를 무의식을 억압하는 데 쓰고 나머지 70%를 삶에 쓴다고 하자. 반면에 영희는 100의 에너지 중 10%를 무의식을 억압하는 데 쓰고 나머지 90%로 삶을 산다면 누가 더 활기 있고 적극적인 삶을 살겠는가. 말할 필요도 없이 두 번째다. 정신 에너지를 얻은 자아는 본능의 요구를 잘 조절, 통제하면서 현실에서 건강하게 살 수 있을 것이다.

이렇게 치료를 통해 무의식의 에너지가 의식의 자아에게 배분되는 과정이 개인의 성격의 변화 과정이라고 할 수 있다. 억압된 무의식의 내용을 인식하는 방법은 현재의 삶과 관련된 과거의 삶을 표현하고 감정을 재경험하며 기억을 재인식하고 해석을 통해 새로운 참조틀을 제공함으로써 가능하다. 내담자는 과거 경험에 대해 같은 방식으로 느끼고 생각하던 틀에서 벗어나 새로운 시각으로 과거 경험을 재해석하게 되고 현재의 문제를 다른 관점에서 바라보게 된다. 즉, 자기 이해의 시각과 깊이가 달라지는 것이다.

2) 치료 과정

치료에서 중요한 것 중 한 가지는 내담자가 치료를 받으려는 의지가 있어야 한다

는 것이다. 타인에 의해 의뢰되어 왜 상담을 받아야 하는지 모르고, 상담의지가 없다
면 상담은 지속되기 어렵다. 상담을 통해 변화하려는 의도를 가지고 적극적이고 솔
직하게 자신에 대해 이야기하려는 마음의 자세가 필요하다. 특히 정신분석에서는 어
떠한 내용이든 거르지 않고 자유롭게 표현하는 것이 매우 중요하다.

내담자가 자유롭게 표현하기 위해서는 상담 관계를 형성하는 것이 우선되어야 하
며, 내담자와 상담자가 상담의 관계를 형성하기 위해서 공감과 경청의 자세는 매우
중요하다. 그러한 상담자와의 관계를 바탕으로 내담자는 현재의 문제를 표현하게 되
는데, 그 내용의 제재를 중심으로 과거를 탐색하는 과정이 필요하다. 예를 들어, 밖
에서의 활동에서는 무리가 없는데 집안에서는 무기력해지고 우울해지는 문제를 가
지고 있다면 치료자는 내담자의 집과 관련된 과거 경험을 탐색해 보게 한다. 그 과정
에서 내담자는 다양한 경험에 대해 이야기를 하게 되는데 이에 대해 상담자는 적절
한 설명, 즉 해석을 통해 내담자에게 새로운 시각을 부여하는 것이 필요하다. 물론
이에 대해 내담자가 이해할 수 있는 준비가 되어 있어야 한다. 그렇지 않을 경우 뜬
구름 잡는 이야기처럼 와 닿지 않을 수 있다. 상담이 진행됨에 따라 내담자는 과거의
주변 인물에게서 느꼈던 감정을 상담자에게 느낄 수가 있다. 상담자가 통제하던 부
모처럼 느껴져서 상담 약속을 어긴다든지 지각을 하거나 반응하지 않는 등 거부적인
태도를 보일 수 있다. 이러한 태도가 전이라고 할 수 있는데 내담자에게 전이에 대한
해석을 통해 감정을 인식하도록 도울 수 있다. 또 과거 억압된 경험으로 인해 다양하
게 나타나는 현재의 행동상의 문제, 즉 투사된 내용을 발견하고 내담자와 함께 현재
에 적절한 행동을 찾아 실천할 수 있도록 한다.

정신분석 치료 과정에서 내담자는 과거 경험에서 억압되어 있던 감정을 표현하고
현재 문제의 원인을 탐색하고 이해하며 더불어 현재 문제 행동에 대한 대안을 찾아
현실에서 실천하게 됨으로써 정신적 에너지를 통합하여 보다 건강하게 현재에 사용
하게 될 때 치료는 종결에 이르게 된다.

7. 치료 기법과 절차

1) 자유 연상

자유 연상 기법은 프로이트의 동료 브로이어가 안나 O를 치료하는 과정에서 아이디어를 얻은 기법이다. 브로이어는 최면 상태에서 환자에게 자유롭게 표현하도록 유도하였다면 프로이트는 내담자를 의자에 거의 누운 자세를 취하게 하여 최면과 유사한 이완 상태를 만들고 내담자가 자유롭게 표현하도록 하였다. 치료자는 내담자에게 "가능한 한 마음을 비우고, 생각하면 고통스럽고 꺼림칙하기도 하며 때로는 우습고 사소한 어떤 것이라도 떠오르는 대로 모두 남김없이 이야기하세요."라고 말하여 내담자가 떠오르는 모든 생각이나 감정에 대해 자유롭게 표현하도록 한다. 이 과정에서 환상이나 과거의 경험이 떠오르게 되고 그와 관련한 감정이 표출됨으로써 감정의 정화와 함께 현재 문제의 원인을 탐색할 수 있다.

2) 해석

해석은 내담자가 꾼 꿈의 내용, 자유 연상, 치료 장면에서의 저항, 전이 등 치료관계 자체에서 나타나는 행동상의 의미를 상담자가 내담자에게 설명하고 안내하는 것이다. 해석을 통해 내담자는 자기 자신을 이해하게 되고 보다 깊이 있는 탐색을 할 수 있게 된다. 다만 해석의 시점은 치료자의 준비가 아닌 내담자의 시점을 살펴야 한다. 해석을 받아들일 준비가 되어 있지 않다면 바위에 계란 치기가 될 수 있다. 내담자가 눈을 크게 뜨고 뭔가 깨닫는 듯한 모습이라든가 생각해 보는 시간을 가지는 모습을 보일 때 그리고 치료자의 반응에 공감적일 때 해석은 적절한 수준으로 내담자에게 다가갔다고 볼 수 있겠다. 상황에 따라 치료시간에 이해되지 못한 내용이 상담 후 귀갓길에 또는 상담일이 아닌 어느 날에 상담자의 해석이 이해가 되어 다음 상담 시간에 내담자가 반응하는 일도 있다.

3) 꿈의 분석

프로이트는 아버지가 세상을 떠나고 장례식을 치른 후 며칠 동안 꾸었던 꿈을 분석하여 『꿈의 해석』이라는 책을 세상에 내놓았다. 자신의 꿈을 통해 무의식적인 내용이 꿈을 통해 표현된다는 것을 인식하게 되었다. 그래서 꿈을 무의식에 이르는 왕도라고 표현하였다. 꿈은 현재몽과 잠재몽으로 나눌 수 있는데 현재몽이란 꿈의 내용 그대로를 의미한다. 그러나 많은 꿈의 내용이 도대체 무슨 뜻인지 이해할 수가 없다. 왜 꿈은 이해할 수 없는 모습으로 나타나는 것일까. 꿈을 꾼 사람의 욕구가 꿈에서 그대로 표현되면 어떻게 되는 걸까. 꿈이 있는 그대로의 욕구가 재현되지 않는 것은 무의식이 전의식을 거쳐 의식화되므로 전의식의 영향으로 꿈은 상징화 과정이 일어나 무슨 내용인지 이해하기 힘들게 된다. 현재몽 속에 숨은 의미가 바로 잠재몽이라고 할 수 있다. 무의식적 욕구가 상징화 과정을 거쳐 이해하기 힘든 모습으로 나타나는 것이다.

4) 저항의 해석

저항이란 치료의 진행을 방해하는 내담자의 언어적 · 행동적 태도를 말한다. 상담 약속 시간에 지각을 한다든지, 결석을 하는 행동, 할 말이 없다고 말하거나 엉뚱한 이야기를 하고 치료자에게 질문을 계속하는 등 이러한 행동이 저항의 모습이다. 치료의 진행을 막는 이러한 행동을 하는 이유는 무의식의 익숙한 행동에서 벗어나지 않으려는, 제자리에 있으려는 관성의 법칙과 같은 마음의 움직임이라 할 수 있다. 또 탐색을 통해 과거의 불편하고 불안한 감정을 다시 느끼는 것이 두려워 저항하기도 한다. 익숙하지 못한 변화에 대한 두려움이 저항을 야기하기도 한다. 저항에 대해 상담자는 내담자가 저항을 이겨낼 수 있도록 해석해 줌으로써 저항을 넘어 새로운 세계를 경험하도록 안내해야 한다.

5) 전이의 해석

　전이는 내담자가 과거 중요 인물과의 관계에서 억압한 감정을 치료자에게 다시 경험하는 현상을 말한다. 치료 장면에서 경험하게 되는 전이는 표현하지 못한 감정을 표현할 기회를 가지는 것이라고 볼 수 있다. 억압된 내용은 에너지를 가지고 있으므로 언제든 기회만 되면 올라오려고 한다. 내담자는 상담자를 어머니처럼 느끼고 의존하려 하거나 상담자에게 화를 내기도 하는 등 다양한 감정을 표출하게 된다. 이에 상담자는 내담자의 전이를 적절한 시기에 해석해 줌으로써 내담자가 현재 타인과의 관계에서 자신의 모습을 이해할 수 있도록 하여야 한다.

색채심리

03

색채심리

1. 색채의 상징적 의미

1) 빨강

괴테(Johann Wolfgang von Goethe, 1749~1832)는 빨강을 색의 왕이라 하였는데 빨간색은 생명, 사랑을 상징하며 열정적이고 때로는 관능적 · 육감적인 사랑이면서 삶의 본능인 에로스를 의미하기도 한다. 빨강은 긴장을 유발하기도 하고 아이디어를 떠올리게도 하는 등 자극적인 면을 가지고 있다. 투우사의 붉은 기는 누구를 자극하는 것일까? 사실 소는 색맹이어서 빨간 망토나 깃발에 자극되는 것이 아니라 흔드는 행위에 의해 자극되어 달려가는 것이며 빨간색은 관중을 자극하는 것이라고 볼 수 있다.

빨강은 피를 연상시켜 자극적이고 흥분의 이미지와 혈액이 잘 순환되면 건강하고 힘이 넘치듯 활동적이며 적극적인, 남성적인 이미지를 가지고 있다. 물론 힘이 넘치면 타인에게는 공격적인 느낌을 주고 전쟁, 혁명 등의 단어를 연상시킨다. 빨강은 눈에 잘 띄기 때문에 깃발에 사용하기도 하는데 러시아 혁명(1907)에서 사회주의와 공산주의의 붉은 깃발과 프랑스 혁명(1792)에서 사용된 붉은 깃발 등은 적의 피를 보겠다는 강한 의지, 혁명의 의지를 반영한다. 러시아에서 빨간 사람은 훌륭한 사람, 빨간 군대는 훌륭한 군대를 의미한다.

독일 속담에 '오늘은 빨강, 내일은 죽음'이라는 말이 있는데 빨강의 피가 잘 돌아야 건강한 것이며, 죽음은 그 피가 몸 밖으로 나가는 것을 뜻한다. 빨강은 생명이면서 곧 죽음과도 연결되는 이미지로 뭉크(Edvard Munch, 1863~1944)의 작품 〈절규〉에서 그 죽음의 불안을 초월하려는 의지로 붉은색이 쓰인 것이 아닐까 생각된다.

빨강 하면 중국 사람들을 떠올릴 수 있다. 중국 전설에 의하면 괴물이 겨울에 먹을 것을 찾아 민가로 내려와 가축을 잡아먹고 사람들을 해치는 일이 있었는데 그 괴물이 불빛이나 큰 소리 그리고 붉은색을 싫어한다고 하였다. 그래서 중국 사람들은 설이 되면 폭죽을 터트리고 붉은색으로 장식을 하고 붉은색을 좋아하는 것이라고 한다. 붉은색은 귀신을 쫓고 복을 부른다고 생각하는데, 서양에서도 붉은색은 부를 상징하기도 한다. 얀 반 에이크(Jan van Eyck, 1395~1441)의 작품 〈아놀드 피니 부부의 초상〉에서 배경이 된 붉은색의 직물은 부를 상징하며 사악한 기운을 막아 준다는 의미였다.

2) 주황

주황은 빨강과 노랑이 합하여진 색으로, 빨강의 이미지와 노랑의 이미지를 포함한다. 빨강처럼 열정적이고, 충동적이며, 활기 있고, 노랑처럼 자유스럽고, 즐겁고 경쾌함을 느끼게 하는 색이다. 스페인, 이탈리아, 멕시코 등 라틴 아메리카 민족이 선호하는 색 중의 하나로 그들의 성향이 주황의 색 이미지처럼 낙천적이고 자발적이며 긍정적인 태도를 지니는 것은 빨강, 노랑, 주황의 풍부한 태양 빛을 받으며 자연스럽게 살아가고 있기 때문인 듯하다.

국기에 오렌지색을 사용하는 나라가 여럿 있는데 그중 네덜란드는 현재는 국기에 빨강을 사용하지만 예전에는 주황색을 사용하였다. 네덜란드 하면 오렌지 군단을 떠올릴 수 있는데, 스페인의 왕 펠리페 2세가 네덜란드를 침략하고 점령했을 때 이에 저항한 가문이 오라녀(Orange) 가문이었으며 18세기 말 나폴레옹이 네덜란드를 침략하고 이후 퇴각하면서 오라녀 가문을 왕실로 추대하였고 이러한 역사적 사건으로 인해 오렌지색은 네덜란드 국민에게 용기를 의미한다.

마티스(Henri Matisse, 1869~1954)와 들로네(Robert Delaunay, 1885~1941)는 삶의 기쁨이라는 주제를 주황, 노랑, 빨강의 색조로 표현하였는데 주황색은 사교적이고 외향적이며 다정한 이미지를 가지고 있어 드레스 코드로 인기 있는 색이지만 돋보이거나 튀고 싶은 마음이 반영된 색이기도 하다. 주황색은 식욕을 높이는 색이어서 살이 찌고 싶다면 주황색 접시를 사용하는 것도 도움이 된다. 반면에 살을 빼고 싶다면 파랑색 접시를 사용해 보면 좋은데 보색, 배색이 된다면 음식이 더 두드러져 보여 식욕을 당길 수도 있다. 주황은 따뜻한 색이며, 자연 그대로의 색, 원숙한 가을과 석양을 연상시키는 색이다.

괴테는 주황을 '노랑 빨강'이라 부르고 어린이, 원시인이 가장 좋아하는 색이라고 생각하며 최고의 에너지를 가진 색이라고 표현하였다. 동양과 서양에서는 다소 다른 이미지를 가지고 있는데 불교에서 주황색은 희생, 성스러움, 영적 깨달음의 색이라면 세속적인 즐거움, 흥분, 즐거움, 자유를 추구하는 술의 신인 디오니소스를 표현할 때 화가들은 기꺼이 주황색을 사용하였다.

3) 분홍

분홍은 섬세함과 여성스러움을 담고 있어서 초등학교에 입학하는 여자아이들의 모습을 보면 가방은 말할 것도 없고 옷이나 신발, 머리띠까지 온통 분홍 공주의 모습인데, 반면에 남학생들은 파란 군대라 해도 과언이 아니다. 이렇게 남녀에게 다른 색의 옷을 입히는 데는 이유가 있다. 서양에서는 밤이 되면 악마들이 돌아다닌다고 생각하였는데 악마들이 사람을 괴롭히기 위해 그들이 소중하게 여기는 아기에게 해를 입힌다고 생각하여 아기를 보호하는 방법으로 천상의 색인 파랑을 남자아이들에게 입혔던 것이다. 서양도 우리나라와 마찬가지로 남아선호는 다를 바가 없었다. 여자아이에게는 아무 색이나 사용하였다가 여성의 인권이 존중되기 시작하면서 여자아이는 꽃에서 온다고 생각하여 여자아이에게 분홍색을 사용하게 되었다.

분홍은 빨강과 흰색이 합한 색으로 빨강의 리비도, 즉 사랑의 에너지에 흰색의 완전함, 신성함이 더하여져 모든 사람에 대한 사랑, 행복을 의미한다. 남녀가 사랑에 빠졌을 때 분홍을 많이 사용하며, 하트를 그릴 때도 주로 분홍색을 사용하는데 분홍을 좋아하는 사람은 감정적이고 자상하며, 배려심이 많다. 〈분홍 돌고래〉라는 영화는 아마존에 사는 분홍돌고래를 찾아 나선 사람들의 이야기다. 행복이라는 삶의 의미를 찾아 길을 떠나는데 행복이란 분홍 돌고래에 있는 것이 아니라 지금-여기에서 더불어 사는 것에 있다는 것을 깨닫게 되는 과정을 그린 영화다.

1950년대 미국 캘리포니아의 한 교도소에서는 거친 재소자들의 행동을 안정화시키기 위해 교도소 내의 벽을 분홍색으로 칠하였고 이후 재소자들의 태도가 부드러워졌다고 하는데 분홍의 사랑이 전해진 것은 아닐까. 에밀 놀데(Emil Nolde, 1867~1956)의 작품 〈성탄전야〉는 기쁨에 넘치는 어머니가 진한 푸른색 하늘 창으로 아기 예수를 높이 들어 올리고 있는데 부드러움과 동시에 황홀한 기쁨을 주는 분홍색 아기 예수와 어우러진다. 종교미술에서 분홍은 천상의 색으로 나타난다.

4) 노랑

멕시코에는 새해 첫날이면 노란 속옷을 입고 노란 장미를 심장과 머리에 비빈다고 하는데 노랑은 금전운, 즉 부(副)를 의미한다. 중국도 유사한 의미를 지니고 있는데 다음과 같은 이야기가 있다. 은나라 주왕이 있었는데 주왕은 백성보다는 달기와의 사랑에 빠져 달기가 궁궐을 지어 달라고 하면 궁궐을 지어 주는 등 백성을 괴롭혔다고 한다. 이에 주나라의 무왕이 보다 못해 금도끼를 들고 쳐들어갔고 전쟁에 승리하여 백성들을 편안하게 만들어 주었다고 한다. 따라서 중국에서는 노랑이 왕의 금도끼처럼 권력과 부귀뿐만 아니라 금의 변하지 않는 성질로 장수를 의미하게 되었다.

노랑은 작품에서도 찾아볼 수 있는데 네델란드의 화가 고흐(Vincent van Gogh, 1853~1890)는 첫사랑에게 고백했다가 거절을 당하고 동거한 여자와의 사이에 아들까지 있었지만 가족의 반대로 이별하게 되는 등 힘든 삶을 살았다. 그는 동생 테오의 권유로 그림을 그리게 되었고 파리로 가 고갱을 만나게 되어 고갱과 함께 남쪽 아를르에서 지내기로 한다. 함께 살기로 했던 노란 집, 고흐가 그렸던 해바라기의 노란색은 고흐에게 희망을 의미하였다. 하지만 예술적 취향의 차이로 고갱이 떠나고 고흐는 다시 고통 속으로 들어간다.

노랑은 태양의 색으로 따뜻하고 밝은 미래를 의미하며 열정의 대상을 찾는다는 의미가 되기도 한다. 흰 도화지에 태양을 그릴 때 흰색으로 그려 봐야 표현이 되지 않아서 그랬을까. 노랑은 태양의 색이다. 태양에서 비롯된 의미일 수 있겠지만 따뜻함의 색이기도 하다. 태양은 세상을 따뜻하게 하고 몸이 차가워지면 병이 생기듯 생명을 살아 숨 쉬게 한다. 밤이 지나고 해가 뜨면 사람들은 일어나 몸을 움직이게 된다. 따라서 노랑은 따뜻하면서 활동적인, 자유로운, 가벼운 이미지를 가지고 있다.

요하네스 이텐(Johannes Itten, 1888~1967)은 "'빛을 비추어 본다.'라는 말을 통해 지금까지 감추어져 있던 사실을 알게 된다."고 하였다. 태양의 빛을 통해 우리는 세상을 보게 되고 깨닫게 된다. 노랑은 호기심, 지식, 이성과 논리, 판단을 뜻한다. 축구 경기에서의 경기 규칙을 어기는 선수에게 주는 경고의 카드인 옐로우 카드도 알아차리라는 뜻이 아닐까.

5) 초록

초록은 나무와 풀 등 자연의 색으로 이들 식물은 움직이지 않고 고정되어 있기에 초록은 평화를 의미하며 편안함을 준다. 변화하지 않는 것으로 인해 질서가 나오고 예의범절이 나왔다고 볼 수 있다. 따라서 초록은 엄격한 예의를 준수하는 마음을 의미하기도 한다. 나눔과 적응, 베품의 의미를 가지고 있는데, 대가를 바라지 않고 곡식과 과일을 주는 자연을 보면 이해할 수 있다.

미국의 한 연구에 따르면 도시에 가로수나 숲이 있는 공원 등이 많은 지역일수록 시민들이 암, 고혈압 등의 질병이 적은 것으로 나타났다. 『도시의 생명력 그린 웨이』 (2006)라는 책에서 그린 웨이가 의미하는 것은 야생 동식물의 서식지가 파괴되는 것을 막고 다른 지역으로 이동하는 것을 돕기 위해 만든 인공 구조물이나 식생을 통해 만든 생태적 공간이다. 도시에 건물이 들어서면서 생태적 공간이 사라진다는 것은 생명이 살 수 없는 곳이라는 뜻이다. 당연히 인간에게도 해로운 공간이 되는 것이다. 인간에게 초록의 숲은 생명을 의미한다.

스위스의 괴테라고 하는 고트프리트 켈러(Gottfried Keller, 1819~1890)의 작품 『초록의 하인리히』는 자서전적인 소설로 주인공은 아버지가 남긴 유산인 초록색 옷을 고쳐 입고 다니는 사람이다. 그 초록의 의미는 편안함과 자기치유, 안정 그리고 아버지와 같은 올바른 판단을 의미한다. 이러한 의미는 회의장에서도 사용된다. 회의장을 초록색으로 치장하여 올바른 판단과 평화로운 대화가 이루어지길 바라는 것이다.

중동 아시아 지역의 국기에 초록색이 많이 사용되고 있는데 중동 지역은 사막 지역으로 물이 흔하지 않다. 그런데 초록, 즉 식물이 보이면 곧 물이 있다는 의미가 되기에 초록은 풍요와 번영의 의미를 지닌다. 리비아에서는 녹색혁명이 있었는데 직접 민주주의, 경제적 사회주의 등을 의미하면서 녹색의 의미를 부각시켰다. 사우디아라비아의 국기에 쓰인 글의 의미는 '아랍 외에 신은 존재하지 않으며 무함마드는 예언자다.'인데 이슬람 문화의 선구자인 무함마드(Muhammad, 570~632)는 녹색 옷을 입고 다녔으며 이것은 번영과 성공을 의미하였다. 서양에서는 초록을 경계해야 할 사람으로 여겼는데 바로 이슬람 문화가 쳐들어오는 것에 대한 경계를 의미하였다. 초록은 피터팬과 같이 정신적 미성숙을 뜻하기도 하였는데 덜 익은 과일이 초록색이기 때문이다.

6) 파랑

칸딘스키(Wassily Kandinsky, 1866~1944)가 파란색을 영원한 초 현세의 중심이라고 표현하였듯이, 파랑은 닿을 수 없는 하늘과 수평선 너머 미지의 세상을 가진 바다의 색으로 초월적인 것, 한계를 넘는 것을 뜻한다. 뤽 베송(Luc Besson, 1959~) 감독의 영화 〈그랑블루〉(1988)가 2013년에 재개봉되기도 하였는데, 이 영화는 깊은 바다 속에서 인간의 한계를 넘고자 하는 주인공들의 이야기다. 1993년 개봉된 〈블루〉라는 영화는 교통사고로 남편과 딸을 잃고 잠적하여 삶을 되돌아보는 주인공의 이야기로 시작된다. 여기서 파랑은 내향성의 색이면서 감정을 조절하고 순응시키는 의미를 담고 있다.

최초의 우주인인 유리 가가린(Yurii Alekseevich Gagarin, 1934~1968)은 "지구는 파랗다."라고 하였는데 우리 인간은 물과 공기가 있는 파란 지구에서만 살 수 있다. 한 연구에

의하면 40%가 넘는 사람들이 파란색을 선호한다고 한다. 곤충들도 파란색을 좋아하는 것 같다. 자외선을 볼 수 있는 곤충에게 자외선과 가까운 색이 파란색이기 때문이다. 그럼 모기장을 어떤 색으로 사용하면 좋을까? 여름에 사용하는 모기장이 파란색인 것은 시원하게 보이기 때문이지만 파랑과 모기와의 관계를 본다면 모기를 더 모이게 하는 역할을 한다. 조선시대 왕의 모기장은 노란색 명주실로 짠 것인데 누구의 아이디어인지 모르지만 현명한 판단이었다.

피카소(Pablo Ruiz Picasso, 1881~1973)의 작품 중 1901년부터 4년간의 작품을 청색시대라고 부른다. 피카소는 1900년 스페인의 바르셀로나 선술집에서 처음 개인전을 연 후 화가인 친구와 파리로 떠났다. 친구가 실연으로 권총 자살을 하고 충격을 받은 피카소는 늙은 뚜쟁이, 알코올중독자, 친구 등 고통스러운 사람을 파란색으로 그려내었다. 막스 뤼셔(Max Lüscher, 1923~)는 피로하고 병들었을 때 푸른색의 욕구가 증가한다고 하였다.

중세 그리스도교에서 파랑은 천상의 색을 의미하고 파랑은 여성적인 이미지와 함께 성모 마리아의 색이면서 종교적인 의미를 지녀서 고요함, 믿음의 이미지를 가지고 있다. 서양에서는 믿음과 성실의 파란 이미지는 열심히 일하는 사람에게 쓰여서 그들을 파란 사람이라고 부르기도 한다. 인간의 피가 빨간색이면 왕족이나 귀족의 피를 파란 피라고 하는 것도 그들은 하늘의 후예라는 뜻이다. 우리 문화에서는 빨강으로 검열을 한다면 서양에서는 파란색 연필이 검열을 뜻하며, 파란 농담은 음담패설을 뜻하는 말이다.

7) 보라

고대 성직자들이 선택한 색이면서 그리스 신화 속의 신들이 즐겨 입은 옷의 색이 보라색으로 신성한 사람만이 입을 수 있다는 느낌을 준다. 보라색을 파랑과 빨강을 합한 색으로 볼 때 파랑은 하늘의 색, 즉 신의 색이라면 빨강은 인간의 피를 의미하므로 보라는 그 중간을 뜻한다. 왕족이나 하늘과 인간을 연결하는 중간적인 의미, 남성과 여성, 감각과 정신, 가정과 이성을 포함한 색으로 볼 수 있다.

역사 속의 이집트의 클레오파트라가 로마 장군 안토니우스를 만나러 가는 장면을 묘사할 때 보라색으로 단장한 배를 타고 간다. 신비스러운 느낌을 주어 안토니우스를 유혹하려는 의도라고 할까. 보라색은 신비로움뿐만 아니라 숭고함을 의미하기도 한다. 중국의 왕이 입는 옷이 자포이고 왕이 사는 성을 자금성이라고 부르는 이유도 위엄을 표현하고자 한 것이라고 볼 수 있다. 그러니 백성들은 보라색을 입을 수가 없었다. 영국의 퍼킨이 1800년대 합성염료를 개발했음에도 일반인은 20세기 이후가 되어서야 보라색을 사용할 수 있었다.

보라색은 자외선과 가장 가까운 색으로 눈에 보이지 않는 부분과 인접한 색으로 볼 때 인도에서 보라색을 방황하는 영혼의 색으로 보는 근거가 되지 않을까 한다. 보이지 않는 혼란함이나 불투명한 미래에 대해 청년들이 방황하듯 자외선과 인접한 보라색을 그렇게 보는 듯하다. 보라는 허영의 색으로 표현되기도 한다. 왕족 또는 귀족들이나 사용할 수 있었던 색이기에 백성에게는 그렇게 보였을 것인데 기독교에서는 사형으로 다스렸던 일곱 가지 중죄 중 하나로 허영을 포함하고 있다.

청소년들에게 보라색의 의미를 물으면 사이코라는 말을 서슴없이 뱉어 낸다. 왜일까? 앞서 말했듯이 보라는 빨강과 파랑의 양극단의 색이 합하여진 색이다. 적극적이고 열정적인 빨강과 고요하고 차분한 파랑이 공존하는 색이다. 이 둘이 내 안에 공존하는 상황인 것이다. 나는 빨강일까 파랑일까. 그래서 자신에 대해 혼란스러움을 느끼는 상태이기에 보라색을 그렇게 표현하지 않았을까. 보라색은 치유의 색이기도 하다. 육체의 열정과 정신의 차분함을 아우르는 색이면서 허약한 사람에게 자극을 주는 색이 되기도 한다.

8) 검정

검정은 패션 감각적으로는 멋있다는 느낌도 주지만 상복을 연상시킨다. 프랑스의 루이 12세가 상복의 색으로 검정을 선포한 뒤로 검정은 죽음과 슬픔을 가지고 다닌다. 빅토리아 여왕이 남편의 죽음을 애도하는 의미로 40년간 검정 드레스를 입었으며 15세기 부르고뉴 군주인 필리프는 프랑스에 의해 살해된 아버지의 죽음을 애도

하고 복수를 하겠다는 의미로 검정 상복을 입었다. 죽음을 의미하는 검정은 빛이 없는 세상을 의미하며, 어둠과 밤의 세계이고 이것이 곧 생명이 없는 죽음과도 연결된다. 히틀러나 무솔리니가 그들의 군대 제복을 검정으로 선택한 것도 검정의 어둠이 주는 공포를 적이 느끼게 하고 적을 공포에 떨게 할 만큼의 전지전능의 힘을 표현하고자 한 것이 아닐까 한다.

검정은 무채색이면서 명도가 가장 낮아서 완벽하게 차단하는 역할을 하는데 사우디아라비아, 아프가니스탄, 이란 등의 히잡, 차도르, 부르카를 검정색으로 사용하는 것은 이 때문이 아닐까 한다. 신체 노출을 금지하고 남녀의 간음을 방지할 수 있도록 하며 무엇보다 내면을 볼 수 있도록 하기 위함인데 전통적으로 히잡 등을 사용하는 여성은 높은 신분이면서 교양 있는 여성을 의미하고 존중과 존경의 대상이었다. 페미니즘을 주장하는 여성들이 보다 적극적으로 히잡이나 차도르, 부르카를 두르고 다니는 것은 억압을 의미하는 것이 아니라 바로 존중받는 여성이라는 것을 나타내는 것이다.

검정은 빛에 대한 저항, 세상에 대한 적대적 태도, 반항, 부정을 의미하기도 한다. 1960년대 모즈족(mods), 1970년대와 1980년대 펑크족(punk), 1990년대 고스족(goth) 등은 검은 재킷, 검은 슈트, 검은 드레스 등의 옷을 입고 그들이 세상에 대해 가지는 생각을 표현하였다. 이렇게 검정 패션은 반항을 의미하기도 하지만 엘리트의 색이면서 권력의 색이기도 하다. 진시황이 면복(冕服)을, 미국의 레이건 대통령이 검정색 양복이나 넥타이 등을 즐겨 선택하였다고 하는데 독재자뿐만 아니라 왕이나 대통령들도 검정의 매력에 매료된 것은 아닐까.

9) 흰색

검정이 상복의 색이기도 하지만 우리나라에서는 흰색이 상복의 색이기도 하다. 흰색은 죽음과 이별을 의미한다. 죽음을 표현할 때 우리는 '돌아가셨다.'라는 표현을 쓰는데 이것은 이 세상이 아닌 저 세상으로 돌아갔다는 뜻이다. 저 세상을 나타내는 색이 흰색이 아닐까. 그래서 흰색은 하늘을 의미하고 신성하고 숭고한 이미지를 가지고 있다. 삼칠일에 백설기를 마련하여 삼신할미에게 아기를 보호해 달라고 비는 것도 그러한 의미와 연결된다. 신화에 나오는 주몽은 알에서 태어났고 박혁거세는 흰 말을 통해 나타났는데 여기서 흰색은 마찬가지로 성스러움과 비일상적인 것을 의미한다.

흰색하면 대표적인 옷이 웨딩드레스다. 산업혁명을 거치면서 남녀의 역할 분담이 분명해졌고 여성에게 여성성과 여성의 역할을 강조하였는데, 순결과 순종, 청결을 강조하게 되면서 흰색을 웨딩드레스로 선택하게 된 것으로 보인다. 처음 흰색 웨딩드레스를 입은 사람은 영국의 빅토리아 여왕이었는데 흰색의 국산 웨딩드레스는 경기불황에 대한 왕실의 태도, 순종, 순결을 의미하는 것이었다.

흰색하면 대표적인 화가가 모리스 위트릴로(Maurice Utrillo, 1883~1955)다. 위트릴로는 파리의 유명 모델인 수잔 발라동(Suzanne Valadon, 1865~1938)의 사생아로 조모에 의해 키워졌는데 그러한 상황 때문인지 어린 나이에 알코올중독과 피부병을 앓고 있었다. 그는 의사의 권유로 그림을 그리게 되었는데 그의 그림에 흰색이 많이 사용되었다. 그에게 흰색은 질병에 대한 적대감의 표현이고 흰색처럼 깨끗하게 되고, 새롭게 시작하고자 하는 바람이 아니었을까.

카사 비앙카(Casa Bianca)의 '언덕 위의 하얀 집'은 정신병원을 빗대어 하는 말로 쓰이기도 하였는데 흰색은 무채색으로 감정의 마비나 비일상적인 상태를 의미하기에 하얀 집이 그러한 의미로 쓰인 게 아닐까. '머릿속이 하얗게 되었다.'라는 표현도 같은 의미로 볼 수 있겠다.

2. 색채심리

우리가 항상 오감을 통해 정보를 지각하게 될 때 지각과 동시에 뇌에서 사고나 감정을 불러일으킨다. 빨간 장미가 눈앞에 있다고 생각해 보자. 장미를 눈으로 본 순간 시 감각을 통해 그것을 빨간 장미라고 지각하게 되면서 동시에 예쁘다거나 가지고 싶다는 생각을 하거나 빨간 장미와 얽힌 추억을 떠올리고 그때의 감정을 다시 느끼게 될 것이다. 어떤 이는 장미를 열정이라고 말하였고 어떤 이는 고독하다고 하였다. 저자는 고등학생이던 5월 어느 토요일 하굣길에 학교 수위 아저씨가 학교 담에 붙어 있던 늙은 배추처럼 축 늘어진 장미꽃을 고무 물통에 담는 모습을 본 기억이 있다. 그래서 장미하면 완벽한 형태의 아름다움이라는 생각도 하지만 그 배추 같은 장미가 생각나 웃게 된다. 이렇게 사람마다 기억이 있어 지각과 동시에 감정이나 사고를 동반하게 된다.

대뇌 전체의 작용으로 발생하는 지각된 이미지와 정서적 감정을 통합한 것을 색의 감정효과, 즉 색채심리라고 한다. 색채심리는 환경과 경험의 영향으로 형성되므로 날씨, 풍습이나 관습, 종교, 민족, 국가마다 다르고 개인마다 다르기도 하지만 이러한 제한을 넘어 공통되는 색에 대한 느낌, 즉 보편적 정서를 바탕으로 한 색채의 의미가 있다.

1) 빨 강

빨강을 좋아하는 사람이나 빨강의 성향을 가진 사람은 혈액을 연상시키면 이해가 쉬운데 혈액순환이 잘 되면 어떨까. 매우 에너지가 넘치고 활동적인 모습으로 보일 것이다. 외향적이고 열정적이며 삶의 의지가 충만하고, 적극적인 모습으로, 생각보다 행동으로 표현하는 스타일일 것이다. 빨강은 의도하지 않았지만 자신의 에너지가 타인에게 영향을 미치는 일도 있기에 때로는 그 에너지가 타인에게는 부담스럽게 느껴질 수 있다. 그래서 공격적이거나 화를 낸다면 매우 불같이 내는 모습일 수 있다. 에너지가 넘치기에 운동도 좋아하고, 모임도 좋아하며, 모임에 참여한다면 어느새 모임에서 앞장서 있을 가능성이 높다. 자연스럽게 모임의 리더가 되어 있을 수 있으며 책임감 또한 강하고, 행동파이기에 결정하면 밀고 나가는 성향이며, 성취에 대한 욕구가 커서 지는 것도 싫어할 수 있다. 깊이 생각하지 않고 행동하는 스타일이기는 하지만 매우 현실적이고 실질적인 사람이다. 나이가 들어도 가만히 있기보다는 외부 활동을 하며 활기 있게 생활할 가능성이 높다.

빨강의 에너지가 필요한 사람도 빨강을 좋아하거나 취할 수 있다. 평소에는 빨강에 관심이 없다가 어느 날부터 빨강이 좋아지거나 나도 모르게 선택한다면 육체의 에너지가 고갈되어 힘이 필요할 때 자신도 모르게 빨강을 몸에 충전하려는 것이다. 빨강이 싫을 때도 극도의 피로 상태일 수 있다. 겉으로는 내향적으로 보이는데 빨강을 선호한다고 하면 타고난 성향은 열정인데 환경의 영향을 받아 겉으로는 차분하지만 속은 적극적인 에너지가 꿈틀거리고 있을 가능성도 있다.

2) 주황

주황을 좋아하는 사람이나 주황의 성향을 가진 사람은 가고 싶을 때 가고 오고 싶을 때 오는 등 얽매이는 것을 싫어하는 자유로운 것을 좋아하는 사람이다. 즐기는 것을 좋아하고 인생을 즐겁게 살려고 한다. 따뜻한 마음과 긍정적인 마인드를 가지고 있어서 작은 일에 즐거움을 느끼기도 한다. 내향적이 아니라 외향적인 성향으로 즐겁게 지내는 것은 혼자도 재미있게 놀 수 있지만 다른 사람들과 어울려 즐겁게 지내려고 한다. 그러니 모임이나 파티를 좋아하고 사람들의 관심을 받는 것을 좋아하며 칭찬도 좋아한다. 다만 타인의 관심이나 칭찬을 추구하다 보면 과잉 행동이나 충동적인 행동을 할 수도 있으며, 이는 진정한 자신의 모습이 아닌 타인이 원한다고 생각하는 모습으로 나타날 수도 있다.

주황을 좋아하게 되었다면 다른 사람들과 어울려 잘 지내고 싶은 마음이 생겼을 수 있다. 그리고 인생을 힘들게 살기보다는 즐기면서 살고 싶은 마음이 들었을 것이다. 반대로 싫다는 생각이 든다면 생각 없이 가볍게 사는 것이 싫고 좀 진지하게 살아야겠다는 생각을 하고 있을 것이다. 다소 열등감에 사로잡혀 있는 상태이거나 자기를 인정하지 않는 상태일 수도 있다.

3) 분 홍

분홍을 좋아하는 사람이라면 누군가를 사랑하는 마음이 생겼을 수 있다. 마음이 너그러워지고 누군가를 보살펴 주고 싶은 마음 상태다. 또는 세상 사람들이 좋아졌거나 세상 사람들이 행복하게 살기를 바라는 마음이 나타나고 있을 수 있다. 또한 누군가가 자신을 사랑해 주기를 바라는 마음일 수 있는데 근심과 걱정이 있어서 위로가 필요한 상태일 수도 있다. 또는 자기 자신에 대한 사랑의 마음, 즉 자기애가 충만한 상태다. 마음에 사랑이 넘쳐서 편안한 상태일 수 있다. 반면에 신체적으로 균형이 잡히지 않은 나약한 상태, 즉 건강이 좋지 않은 상태일 수도 있다.

분홍색을 좋아하게 되거나 자신도 모르게 분홍색 물건을 모으고 있다면 외로워서 사랑을 받고 싶은 마음일 수 있다. 반대로 분홍이 싫다면 나약함이 싫거나 내면의 여성성을 혐오하고 있을 수도 있는데 이는 어릴 때 형성된 여성의 이미지가 나약하거나 강하지 못한, 다소 부정적일 가능성이 있다.

4) 노랑

노랑은 태양의 색으로 태양이 존재함으로써 우리는 세상을 보게 되고 알게 된다. 노랑을 좋아한다면 지적인 것을 선호하는 사람일 수 있다. 아는 것을 매우 중요하게 여기는데 깊이 아는 것도 좋겠지만 넓게 아는 것을 더 중요하게 생각하고 있을 것이다. 정보가 많을 것이며 그럼에도 또 새로운 것을 추구하는 모습이다. 사람을 만나도 즐거움을 위해 만나는 것보다는 정보를 얻기 위해 만나는 것을 좋아한다. 그러니 뭔가 배울 점이 있는 사람을 더 좋아할 것이다. 노랑의 마음은 사고적이기에 분석적이고 논리적인 태도를 보이며 그렇지 못한 대상에 대해 무의식적으로 편견을 가질 수도 있다. 아는 것이 많으면 그것을 표현하기를 좋아하고 사람들에게 가르치는 것을 좋아한다. 지적인 것을 추구하다 보니 몸이 나약해질 수 있다. 그래도 개의치 않고 책을 읽고 있거나 새로운 정보를 찾고 있을 것이다.

노랑이 좋아졌다면 배우는 것에 흥미가 생겼을 수 있다. 해처럼 따스함이 필요할 수도 있다. 노랑 병아리의 아이들처럼 가벼운 마음을 원할 수도 있다. 반대로 노랑이 싫어졌다면 한계가 있는 지적인 추구나 쏟아지는 정보에 지쳤을 수도 있다. 좌절감이나 무력감에 놓여 있을 수도 있다. 주변에 따지고 드는 누군가 때문에 노랑이 혐오스럽게 느껴질 수도 있다.

5) 초 록

숲 속의 오래된 나무처럼 많은 경험을 바탕으로 여러 가지를 알며, 나무처럼 움직이지 않고, 삶이란 것이 크게 달라지지 않을 것이라는 것도 안다. 세월 속에서 자리를 지켜 올 수 있었던 질서, 즉 예절을 중요하게 여기며 나서지 않는다. 주변 사람들도 예의 바르길 바라고 그렇지 않을 때 엄격한 태도를 취하기도 한다. 나무가 움직이지 않듯 안정적인 성향이며, 변화를 좋아하지도 않는다. 조심스럽고 참을성도 많은 편이다. 나무가 과일을 사람들에게 주듯 주변 사람들에게 베푸는 사람으로 누군가에게 도움이 되고 싶어 하며 협동심도 높은 편이다. 변화를 추구하지 않는 안정된 모습이 고집스럽게 보이기도 하고 엄격한 모습으로 보여 주변 사람들이 심리적 거리감을 느낄 수 있다.

초록이 좋아졌다면 몸에서 자연스럽게 균형을 추구하고 있을 가능성이 높다. 마음의 균형이 깨어져 조화롭지 못한 상태, 즉 불안한 마음이 커서 안정과 회복, 조화를 추구하는 상태일 수 있다. 초록을 좋아한다면 마음의 안정, 사회의 안정과 균형을 중요시 하는 사람일 가능성이 있다. 초록이 싫다면 지금의 삶이 지겨워졌을 수 있으며 반사회적인 심리 상태이거나 개혁을 추구할 수도 있다.

6) 파 랑

깊은 바다와 같이 깊이 생각하는 사고형의 사람이다. 깊은 생각의 목적은 근원을 알아보고자 하는 철학적 사고이기도 하다. 인생에 대해 생각하고 인간에 대해 생각한다. 생각하는 사람은 말수가 적다. 그래서 내향적인 사람이라고들 한다. 말을 해도 철학적 사고에 바탕을 두고 말을 하므로 분명하게 표현하려고 한다. 적당한 표현은 원하지 않는다. 실력이 있는 사람이지만 앞으로 나서지도 않는다. 파랑의 스타일은 말이 적고 정직하기에 말이 많거나 정직하지 못한 사람을 싫어한다. 마음이 답답할 때 바다를 찾듯 파란 바다는 편안함을 주고 진정시키며 차분한 마음이 들게 한다.

파랑을 좋아한다면 의지가 곧고 강한 사람이며, 자신의 맡은 바 책임을 다하는 성실한 사람이다. 하지만 목표와 관련된 자신의 생각을 쉽게 드러내지는 않는다. 파랑이 싫다면 집중력이 떨어진 상태이거나 생각하기보다 행동으로 말로 표현하고 싶어 하는 상태일 수 있다. 우울과 무기력의 상태에서 벗어난 상황일 수 있다. 파랑이 좋아졌다면 정신적인 면에 관심이 생겼을 수 있다. 타인과 거리를 두고 인생의 의미에 대해 생각해 보고자 하는 상태다. 적극적으로 자신의 생각을 표현하고자 하는 심리 상태일 수도 있다.

7) 보라

정신적인 세계에 관심이 많다. 정신적으로 이상적인 세상을 꿈꾸기도 한다. 정신적으로 건강하기를 바라는 마음으로 그곳으로 타인을 인도하려는 마음도 있다. 사회복지사나 상담사의 모습보다는 종교인의 모습으로 타인을 정신적으로 바른 길로 안내하는 모습일 수 있다. 하지만 쉬운 일이 아니니 스트레스를 쉽게 받는 모습일 수 있다. 독립적인 성향이기 때문에 타인의 위로나 지지를 듣기보다 스스로 판단하는 모습이어서 외로울 수 있으며 원하는 대로 이루어지지 않을 때 취약한 모습을 보일 수도 있다.

예술가의 기질을 가지고 있어서 예술적으로 자신을 표현하는 것을 꺼리지 않고 자연스럽게 표현할 수 있다. 음악이 될 수도 있고 그림이 될 수도 있다. 감각과 직관을 모두 가지고 있어서 직관적인 내용을 감각적으로 표현할 수 있는 재능이 있다. 이러한 능력으로 상황 판단을 잘하며 문제에 잘 대처할 수 있다. 그러나 빨강과 파랑이 섞인 보라로 볼 때, 빨강의 에너지와 파랑의 차분함이 공존하는 상황이 되어 어느 쪽이 자신의 성향인지 혼란스러울 수도 있다.

보라색을 좋아하는 사람은 예술적인 활동을 좋아하고 예술적인 기질을 가지고 있다. 보라색이 싫다면 예술적인 면에 흥미가 없을 수 있고 눈에 보이는 현실적인 것을 선호하는 사람일 수 있다. 사람에 대한 믿음이 없는 상태일 수도 있다. 보라색이 끌린다면 인생의 답을 찾지 못해 마음이 외롭거나 지친 상태일 수 있지만 반대로 정신적인 안정이나 이끌어 주길 바라는 마음일 때도 있다.

8) 검정

검정색으로 작업을 하던 한 학생이 다음과 같이 말한 적이 있다. '모든 색을 섞으면 검정색이 나온다. 그러니 검정색은 색이 없는 것이 아니라 모든 색을 가지고 있는 상태'라는 것이다. 이처럼 검정의 상태는 모든 색을 가진 잠재력의 상태, 무의식의 상태라고 볼 수 있다. 잠재력, 가능성을 의미하지만 표현되지 않은 것이니 다소 혼란스럽고 불안한 상태일 수 있는데 이는 검은 밤과 같이 어두운 상태여서 보이지 않는 상황에 대한 불안한 마음이라고 볼 수 있다. 빛이 없는 세상에 생명이 살 수 없듯 검정의 상태는 죽음과 같은 불안한 상태, 절망, 우울한 상태일 수 있다. 모든 색을 다 가진 상태로 보면 권위적인 모습, 도전적이고 적극적이며 두려워하지 않는 모습으로 나타날 수 있다. 그러한 모습이 다소 방어적이고 타인에게 강함을 보이고자 하는 태도로 나타나 거리감이 느껴지는 사람으로 비춰질 수 있다.

검정색을 좋아한다면 무엇인지 모르지만 잠재력의 상태를 보이는, 즉 모호하고 신비로운 상태에 빠져 있을 수 있다. 연약한데 연약함을 보이지 않기 위해, 강한 힘을 원하는 상태일 수도 있다. 검정이 싫다면 단념 상태일 수도 있으며, 알지 못함으로 생기는 무능력한 상태를 싫어하는 마음일 수 있다.

9) 흰색

검정색과 대극의 위치에 있는 흰색의 상태는 색이 없는 상태다. 감정이 없는 상태이니 어떻게 보면 인간의 모습이라기보다 완벽한 신의 모습을 의미할 수 있다. 그러니 흰색으로 자신을 표현한다면 허점이 없는 완벽함을 추구하는 상태일 수 있다. 완벽함이 필요한 것은 무슨 이유에서일까. 어릴 때 자신의 실수가 너그러이 이해되지 못하고 큰 잘못인 것처럼 생각되는 일을 겪었을 때, 트라우마와 같은 고통스러운 기억에서 벗어나 다시 새롭게 시작하고자 하는 마음 등 긍정적 자기존재감이 부족할 때에 실수를 허용하지 않고 완벽을 원하게 된다. 어쨌든 흰색은 어떠한 색도 가미되지 않은 깨끗한 상태이니 맑음, 순수, 청결을 추구하는 마음일 수 있다. 결벽증이 있을 수도 있다. 흰색은 완벽한 천상의 세상을 의미한다. 흰색의 상태를 원하는 것은 인간 세상에서 벗어나 욕망과 고통에서 자유로워지길 바라는 마음일 수도 있다.

흰색이 좋아졌다면 아이처럼 순수해진 마음일 수도 있으며, 뭔가 힘들었던 일에서 처음의 상태로 돌아가고 싶은 마음일 수 있다. 흰색이 싫다면 완벽한 것에 대한 거부의 태도일 수 있으며 돌아갈 수 없는 순수시대에 대한 억압적 태도일 수도 있다.

3. 색채심리도안

1) 색채심리도안이란

그림으로 마음을 나타내는 데 있어서 표현되는 주된 형식은 형태와 색채다. 형태와 색채를 통해서 그 사람의 성향을 이해할 수 있는데, 선이나 면 등 형태로 마음을 표현하는 사람은 사고형의 스타일이다. 이 유형은 생각을 표현하는 것을 중요하게 여기는 사람인 반면에 감정 표현을 가벼이 여기거나 억압하기도 한다. 색채로 마음을 표현하는 사람은 감정형의 스타일이다. 매사에 감정 표현을 매우 중요하게 여기고 기분을 표현하려고 노력하는 사람이다. 색채심리에서 중요하게 여기는 것도 색채를 통한 심리의 이해이며 감정의 표현이므로 형태보다 색채로 마음을 표현하는 것이 감정 표현에 더 가까운 활동이라고 할 수 있다. 이러한 관점에서 색채심리도안은 형태를 표현하려고 노력하기보다 자연스럽게 선택하거나 주어진 도안에 색으로 자유롭게 표현하게 하여 색채를 통해 그 심리를 탐색, 이해하고 통합할 수 있다.

일본어인 누리에(ぬりえ)란 윤곽만 그려진 그림으로 도안이라고 말할 수 있는데, 도안에는 그림뿐만 아니라 다양한 주제가 제시되어 있어 주제와 도안에 따라 표현할 수 있는 것을 말한다. 주제와 도안에 따라 원하는 대로 추가하여 그림을 그려 넣고 자유롭게 색칠을 하여 자기를 표현하는 방식을 색채심리도안이라고 한다.

색채심리도안은 다양한 도안을 제시하고 내담자가 선택하는 것이 필요하다. 선택을 위해서는 여러 주제와 그에 따른 도안이 요구된다. 이 책에서는 인생, 자연, 탐색,

욕구, 자원, 고난과 도전, 긍정의 감정, 부정의 감정이라는 여덟 가지 주제의 색채심리도안을 제시하고자 한다. 인생이라는 주제에는 어린 시절, 청년기, 독립기, 성혼기, 임신기와 결혼 초, 중년기, 노년기 그리고 친구 관계, 부모와의 관계, 부부 관계, 자녀와의 관계, 인생에 영향을 미친 사람, 성장 과정 등에 대한 제재를 포함한다. 자연이라는 주제는 봄, 여름, 가을, 겨울, 낮과 밤, 꽃, 나비, 새, 과일, 개와 고양이 등의 동물과 다양한 풍경을 제시하고 있다. 탐색이라는 주제는 기적 질문, 페르소나, 초기 기억 등을 통해 자신의 사고, 행동, 감정을 탐색해 볼 수 있도록 한다. 욕구라는 주제는 다양한 도안을 통해 내면의 욕구, 즉 사랑에 대한 욕구, 성취나 힘에 대한 욕구, 안전에 대한 욕구, 자유와 즐거움에 대한 욕구를 탐색해 볼 수 있도록 한다. 자원이라는 주제는 과거의 삶에서 힘이 되는 점, 힘이 되는 사람, 음악 등을 통해 자신의 자원을 탐색한다. 고난과 도전이라는 주제는 디딤돌, 승부욕, 우산, 벌, 지적 등을 통해 힘들었던 때와 다시 도전하게 되었던 때를 탐색한다. 긍정의 감정은 사랑, 열정 등의 감정을 다루고 부정의 감정은 난감, 근심, 놀람, 분노 등의 감정을 포함한다.

2) 색채심리도안의 이해

앞의 다양한 주제와 도안에서 같은 색채심리도안을 선택하더라도 개인에 따라 매우 다양한 모습으로 나타난다. 색이 흐린 표현과 진한 표현이 나타나고 거친 표현과 부드러운 표현이 나타난다. 색이 연하거나 흐릴 때는 에너지가 떨어지거나 우울하고 무기력한 경우일 수 있다. 우유부단하여 빠른 결정을 내리지 못하는 상태일 수도 있다. 진한 색의 표현은 자기를 분명하게 표현하고자 하는 의도일 수 있으나 때로는 이러한 태도로 인해 다소 공격적인 상태일 수도 있다. 그 색이 가진 감정이나 생각의 억압이 표현되는 것일 수도 있다. 거친 표현은 환경에 잘 적응하지 못하고 원만하지 못한 상태를 의미하며 갈등의 상태일 수 있다. 반면에 부드러운 표현은 감성적인 경향을 나타내기도 한다.

색을 표현하지 않을 때는 방어적인 태도일 수도 있으며 강박적인 마음으로 불안한 상태일 수도 있다. 때로 추가된 내용이 그 사람의 마음을 강하게 표현하는 경우도 있다. 한 색으로 다른 색을 덮어 칠했다면 억압하고 있는 감정이 있거나 무언가 드러나는 것이 두려워 방어하는 상태일 수 있다. 색과 색이 배치되어 있는 상태도 갈등의 상태일 수 있다. 이러한 기준을 통해 색채심리도안에 표현된 심리를 파악할 수 있다.

색의 표현에서 심리 상태를 이해하기 위해, 첫째, 색채심리도안에서 표현된 색 중 두드러진 색을 중심으로 그 색의 의미를 파악하는 것이 도움이 될 수 있다. 내담자에게 눈에 띄는 색이 무엇인지, 치료자나 다른 집단원에게 두드러진 색은 무엇인지 탐색해 볼 수 있다. 그 색의 의미를 통해 내담자의 마음을 이해할 수 있다. 한 여성은 초록색이 눈에 띈다고 하였고 다른 색채심리도안에서도 마찬가지였다. 초록색의 의미를 안내하고 자신의 마음이 어떤 쪽일지 물으니 아직은 엄마로서의 역할이 중요하기 때문에 다른 욕구보다 엄마로서 아이를 어느 정도 키운 후에 자신이 하고 싶은 것을 해 보겠다고 하였다.

둘째, 두드러진 색의 주변에 배치되어 있는 색을 통해 심리 상태를 파악해 볼 수 있다. 보색이 배치되어 있다면 이는 갈등 상황에 놓여있을 수도 있다. 예를 들어, 빨강이 두드러지는데 그 옆에 청록이나 초록의 색이 표현되어 있다면 빨강의 에너지와 초록의 에너지가 서로 경쟁인 상태, 즉 활동하느냐 균형을 잡고 있느냐 사이의 갈등이 있을 수도 있다. 한 여학생의 그림에 파란색과 노란색이 두드러지게 배치되어 있어서 의존하고 싶은 마음과 스스로 살아보고자 하는 마음이 있는지 물어보니 둘 다 있는 상태이며, 엄마가 하라는 대로 하기는 싫은데 그렇게 하고 있는 상황이어서 힘들다고 하였다. 이렇게 주변색을 고려하여 탐색해 보는 것이 필요하다.

셋째, 색채심리도안에서 가장 많이 사용된 색이 무엇인지 살펴보아야 한다. 많이 사용된 색은 자신이 관심을 많이 두고 있는 영역이거나 자신의 에너지를 많이 사용하고 있는 내용일 수 있다. 한 여성은 색채심리도안의 많은 부분에 보라색을 사용하였는데 독립이나 혼자이고 싶은 욕구가 있는지 물으니 어린아이들을 양육하고 있어서 자신을 위한 시간을 가질 수 없기에 답답한 마음이 커져 자주 혼자 있고 싶다는 생각을 많이 한다고 하였다. 이렇게 면적을 많이 차지하고 있는 색은 의식적 · 무의식적으로 관심을 가지고 있는 것이다.

넷째, 색채심리도안에서 나오는 이야기의 주인공에게 색칠해진 색을 통해 욕구 등의 심리 상태를 파악해 볼 수 있다. 한 여성 노인은 젊은 신랑 신부를 색칠하고 두 젊은 신랑 신부가 너무 예쁘다며 자신이 젊을 때가 생각이 난다고 하였다. 신부의 드레스는 빨간색으로 색칠되어 있었다. 그리고 진한 게 좋다며 힘을 주어 색칠했는데 이 여성 노인은 매우 에너지가 넘쳐서 집단을 하기 전 잠시 기다리는 동안에도 노래 책을 꺼내어 노래를 부르며 시간을 알차게 보내려고 노력하였다. 자신은 시간이 아깝다고 하였다. 젊었을 때 공부하지 못하고 일만 하고 살다 보니 어느새 나이가 들어 늙어 가고 있으니 억울한 마음이 들어서 쉬지 않고 배우러 다니고 활동을 하고 있다고 하였다. 작업 후 이야기를 통해 주인공을 알아보고 주인공의 색을 통해 자신의 마음을 이해할 수 있다.

4. 색의 대비와 색채심리

색이 서로 어떻게 대비되느냐에 따라 그 의미는 달라지기도 한다. 대비의 양상도 여러 가지인데 보색대비라면 두 가지 색의 심리 상태가 서로 대등하여 갈등 상태에 놓여 있을 가능성이 있다. 예를 들어, 노랑과 보라가 대비되어 있다면 자신감이 떨어지고 우울하거나 기가 죽은 상태일 수 있다. 해야 할 일이 많고 스트레스가 많은 상태일 수 있다.

동색대비라면 그 색의 심리가 자연스럽게 표현되고 있는 상태일 수 있으며, 색이 자신에게 메시지를 보내고 있는 것이다. 유사색대비, 즉 유채색과 유채색을 포함한 색이 대비되어 있을 경우 유채색의 의미가 강조되어 나타나는 상태, 다소 부정적 의미의 상태일 수 있다. 예를 들어, 파랑과 보라색이 대비되어 있다면 우울하거나 침체된 상태이며, 건강이나 대인관계에서 문제가 생겨 오래 유지되고 있는 상태일 수 있다. 공간을 얼마나 차지하고 있는가에 따라 달리 볼 수 있는데 면적대비 상태라면 공간을 많이 차지하고 있는 심리가 주된 사고나 감정일 것이다. 차지하고 있는 면적이 적더라도 두드러진 색은 강렬한 감정을 표현하고 있는 것일 수 있다.

단색과 무채색과 대비되어 있는 상태라면 유채색이 다소 건강하지 못한 상태일 수 있다. 예를 들어, 파랑과 회색이 대비된 상태라면 대인관계에서의 불화, 타인과의 관계에서 만족스럽지 않은 상태여서 사람과 관계를 멀리하고 있는 상태이거나 생각이 많고 말로 잘 표현하지 않는 상태일 수 있다. 무채색과 무채색이 대비된 상태도 힘든 상황일 수 있다. 검정과 흰색이 대비된 상태라면 감정이 필요하지 않은 상태, 즉 개인적이기보다 집단적인 활동을 하고 있거나, 집단에 충성을 다하고 있는 상태이거나, 자기희생의 상태일 수 있다. 검정과 회색이 대비되어 있다면 강한 압력을 받고 있는 상태, 억압과 함께 심한 우울의 상태, 절망의 상태일 수 있다. 실패를 겪고 있는 상태일 가능성도 있다.

제2부 **색채심리 실제**

04

색채심리도안 사례

행운

초등학교 6학년 여학생의 색채심리도안 작품이다.

　이 색채도안의 주제는 어떤 행운이 왔으면 좋을지에 대해 색으로 표현하는 것이었다. 작업 후 색의 의미에 대해 이야기를 하였다. 내담자는 연두와 초록은 마음의 편안함을 의미하며, 주황은 자유롭고, 친구들과 잘 어울려 지냈으면 하는 마음이라고 하였다. 내담자는 친구가 한 명 있지만 다른 친구들과는 잘 어울리지 못한다고 하였으며, 제목을 물어보자 "없어요."라고 답하였다.

🍃 나의 향기

고등학교 1학년 여학생의 색채심리도안 작품이다.

　내담자는 여러 도안 중에서 이 도안을 선택하였다. 검정은 답답한 마음이고, 보라는 걱정하는 마음이며, 파랑은 편안한 마음이라고 하였다. 답답함이 편안함과 걱정하는 마음을 둘러싸고 있다고 하였다. 무엇을 걱정하느냐고 물으니 모두 다 걱정되며, 답답한 것은 집이라고 하였다. 내담자는 친구에게 그 답답함을 표현하지만 변화가 있는 것은 아니니 답답함은 마찬가지라고 하였다.

🎵 나의 음악

중학교 3학년 여학생의 색채심리도안 작품이다.

　　내담자는 그림이 좋아하는 가수의 음악을 듣는 내용이고, 아래쪽에 표현된 사람은 누구인
지 모르겠지만 음악을 듣고 있고 즐거운 것 같다고 하였다. 주황색이 눈에 띄는데 그것은 즐
겁게 지내고 싶은 마음이라고 하였다. 음악을 들으면 즐겁고 편안한데 너무 편안해서 잠이
오기도 한다고 하였다. 그리고 잠을 잘 때 편안하다고 하였다. 그림 속에 음악을 듣고 있는
사람도 즐거운 상태라고 하였다.

🌸 나의 비행

70대 여성의 색채심리도안 작품이다.

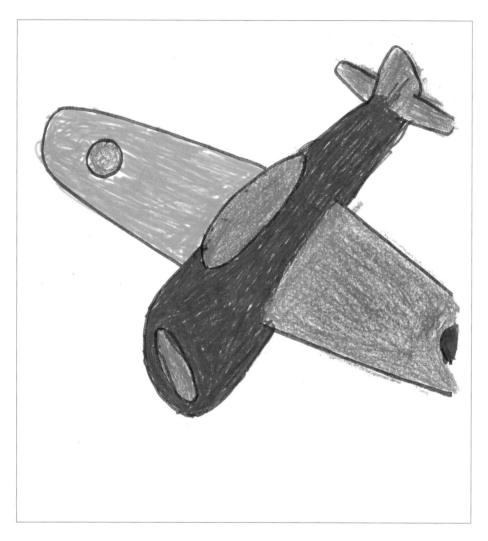

　내담자는 여러 도안 중에 이 도안을 선택하였다. 내담자는 신이 나서 여러 가지 색으로 비행기를 꾸몄으며 기분이 좋다고 하였다. 비행기는 친구들과 제주도에 갈 때 타 봤는데, 비행기에서 본 구름은 이불 속처럼 보여서 정말 신기했다고 하였다. 가족들보다는 친구들과 갔을 때가 더 재미있다고 하였다. 남편과 함께 못 가 보고 남편이 세상을 떠나서 참 미안한 생각이 든다고 하였다.

🍀 나의 놀이

60대 여성의 색채심리도안 작품이다.

　　내담자는 지붕부터 꼼꼼하게 색칠하는 모습을 보였다. 벽과 창문 쪽을 비워 두었는데 다른 집단원이 창문을 칠하라고 형광 노랑색을 주자, 창문을 칠하고 벽은 비워 두었다. 내담자는 머리가 아파서 더는 할 수 없다고 하였다. 배를 타고 휘 둘러 보고 싶다고 하였다. 어디를 가고 싶냐고 하니, 여기저기라고 하더니 사람들과 배를 타러 갔던 기억을 신나게 말하였다. 그리고 또 한 번 가고 싶다고 하였다.

🌱 쉼

40대 여성의 색채심리도안 작품이다.

　내담자는 물감을 선택하였고 매우 꼼꼼하게 색칠하는 모습을 보였다. 그림의 내용은 혼자서 여행을 가다가 잠시 쉬면서 휴식도 취하고 멀리 주변을 바라보는 모습이라고 하였다. 참 편안하고 좋을 것 같다고 하였으며, 작품의 제목은 '여행'이라고 하였다. 자전거도 탈 줄 모르고, 혼자서 여행을 한 적도 없으며, 아이 키우느라 여행은 생각도 못하고 살았고, 지금도 아직 학생인 아들 때문에 어디를 가기는 힘들다고 하였다. 아들이 대학에 가면 그때는 여행을 해 보고 싶다고 하였다. 빨간색이 눈에 띄고 열정적으로 살고 싶은 마음인 것 같다고 하였다.

🌸 기도하는 사람

초등학교 2학년 여학생의 색채심리도안 작품이다.

내담자는 물감을 선택하였고, 남자 모습 같다고 하면서 머리를 길게 해도 되는지, 치마바지를 입어도 되는지 물었다. 마음대로 해도 된다고 하니 자유롭게 표현하였다. 주황색이 좋다고 하였고, 자신은 머리색을 검정색이 아닌 색으로 칠한다고 하였다. 무엇에 대해 기도를 할까 하니, 가족이 건강했으면 하고 기도를 할 것이라고 하였다. 더 바라는 것은 없다고 하였다.

나의 마음

50대 여성의 색채심리도안 작품이다.

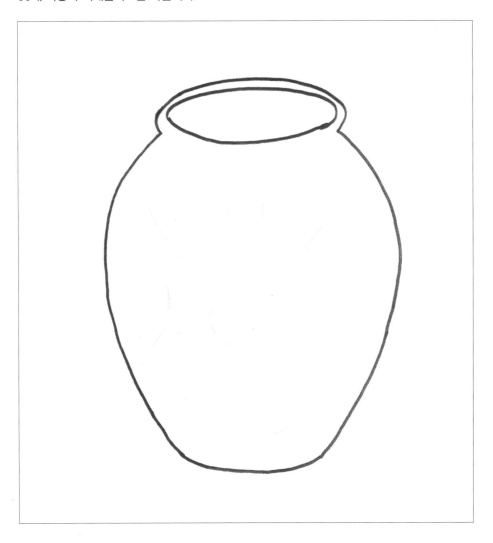

　항아리가 자신의 마음이라고 생각하고 표현해 보도록 하였다. 내담자는 분홍색으로 하트를 3개 그린 후 가족의 얼굴을 그렸고 다음으로 오선과 음표를 그려 넣었다. 가족이 예전처럼 행복하게 살았으면 좋겠다고 하였다. 자신이 이렇게―정신적으로 안정적이지 않은 상태―된 후 모든 것이 힘들다고 하였다. 다시 예전처럼 화목한 가정이 되었으면 좋겠다고 하였다.

🍀 쇼핑 카트

60대 여성의 색채심리도안 작품이다.

　내담자는 쇼핑카트에 담고 싶은 것으로 처음에 구두를 선택했고, 다음으로 노란 옷을 입고 있는 젊은 여성의 모습을 오려 붙였다. 가방과 옷을 붙이고 나서, 딸이 예전에는 비싼 가방과 옷을 선물해 주더니 요즘은 그렇지 않다면서 딸이 돈을 모으지 말고 쓰라고 말한다고 하였다. 다른 집단원들도 맞는 말이라고 답하니 고개를 끄덕였다. 구두와 옷을 입고 자유롭게 다니고 싶고, 빨간색이 좋다고 하였다. 집안일을 하기 싫을 정도로 우울해서 보다 적극적으로 외부 활동을 하면서 노력하고 있고 점차 에너지를 얻고 있는 상황이다.

🍀 새 싹

중학교 1학년 남학생의 색채심리도안 작품이다.

　　내담자는 언어적으로 자기표현을 잘하지 않는 모습이었으나, 작업을 한 후 작품에 대한 질문에는 서슴없이 대답하였다. 식물이라고 하였고, 식물이 바라는 것은 잘 자라는 것이고 물이 필요하다고 하였다. 이 식물처럼 자신이 잘 자라려면 행복이 필요하다고 하였다. 지금의 행복은 10점 만점에 8점 정도 된다고 하였다. 작품의 제목은 '아이'라고 정했는데 새싹이 아이처럼 잘 자라야 한다는 뜻이라고 하였다.

기도하는 사람

중학교 3학년 여학생의 색채심리도안 작품이다.

    내담자는 도안을 선택하여 작업 후, 희망을 가질 수 있게 해 주어서 고맙다고 기도하고 있는 모습이라고 하였다. 중학교에서 고등학교로 진학하는 어린 나이지만 삶에서의 희망이 중요하다고 말하였다. 색 중에서 눈에 띄는 색은 연두색이고 그 의미는 마음이 편안하길 바라는 것이라고 하였다.

🍃 나 비

40대 여성의 색채심리도안 작품이다.

　　내담자는 나비를 선택하고 색칠하면서 어떤 색을 선택해야 할지 고민하는 모습을 보였다. 날개의 테두리는 노란색으로 칠한 후 위쪽과 아래쪽 날개를 다른 색으로 색칠하였다. 색의 의미에 대한 이해를 통해 갈색은 안정적인 상태를 의미하고 아래쪽의 보라색은 내 마음을 알아주기를 바라는 마음을 표현했음을 알 수 있었고, 가족의 관심과 사랑이 더 필요하다는 것을 인식하게 되었다.

🍀 삽

중학교 2학년 남학생의 색채심리도안 작품이다.

　내담자는 작품에 대해 이렇게 설명했다. "이 삽은 이상한 삽이다. 이 삽으로 흙을 파서 그 속에 이 삽을 넣어서 파묻겠다."고 하였다. 색깔이 너무 알록달록한 것은 이상해서 그렇다고 하였다. 제목은 '이상한 삽'이라고 하였다. 낯선 것을 접하게 되면 두려워하듯 다양한 면을 가진 자신의 모습을 발견하기 시작하면서 그에 대해 두려움을 가진 상태라고 볼 수 있다.

🍀 친구

중학교 1학년 여학생의 색채심리도안 작품이다.

한 명의 친구가 다른 친구를 도와주는 모습이다. 내담자는 도와주는 친구는 뿌듯하고 도움을 받는 친구는 기분이 좋을 것이라고 하였다. 자신에게는 그런 친구가 있다고 하였다. 엉뚱하게도 제목은 '게이'라고 정하고 나서 남자끼리 좋아하니 그렇다고 하였다. 옆에 있는 다른 집단원이 여자로 그리면 어떠냐고 제안하니 머리카락을 길게 그리고는 여자와 남자이고 제목은 '연인'이라고 하며 현재 좋아하는 남자친구에 대한 마음을 표현하였다.

🍀 여 유

고등학교 2학년 여학생의 색채심리도안 작품이다.

　이 도안을 보고 내담자는 누워 있는 모습이라기보다는 벽에 기댄 모습으로 보았고, 이 남자는 꾸미는 것을 좋아한다고 하였다. 친구나 여자 친구에게 잘 보이고자 하는 마음인데 약속이 있어서 이렇게 꾸미고 나온 것이고 좀 잘난 체하는 모습이라고 하였다. 이 사람이 자신을 본다면 약속 시간 때문에 몇 시인지 시간을 물어볼 것 같고, 자신이 하고 싶은 말은 아무것도 없다고 하였다. 자세가 부담스러워서 아무 말도 안 할 것이고, 혹 궁금한 것이 있어도 다른 사람에게 묻겠다고 하였다. 두드러진 색깔은 머리 색깔이라고 하였다.

💚 포 옹

고등학교 1학년 여학생의 색채심리도안 작품이다.

　내담자는 이 그림에 대해 오누이거나 아빠와 딸은 아니라고 하며, 남자는 웃고 있지만 여자는 울고 있는 것 같다고 하였다. 남녀는 서로 사랑하는 사이지만 헤어져야 한다. 이들은 비극적으로 헤어지게 되는데 부모의 반대가 심하기 때문이라고 하였다. 여자가 남자의 행복을 위해 물러나 주는 것이다. 자신은 웹툰을 좋아하기 때문에 이런 이야기를 써야 재미가 있다고 하였다. 눈에 띄는 색은 파란색인데, 하늘처럼 상큼한 느낌이 든다고 하였다.

🍀 마음의 병

40대 여성의 색채심리도안 작품이다.

　내담자는 처음엔 동그라미로 표현하다가 세모 모양, 동그라미 모양, 네모 모양으로 바꾸어 그려 넣었다. 그리고 여러 개의 병을 더 그려 넣었다. 노란색은 목표를 가지고 공부를 하고 싶은 마음이며, 주황색은 자유롭게 놀고 싶은 마음인데 노란색과 부딪히는 마음이라고 하였다. 초록과 갈색은 땅 위에 서 있는 나무를 의미하는데 자연에서 자연처럼 안정되게 살고 싶은 마음이라고 하였다. 그리고 많은 병은 다양한 자신의 마음이라고 하였다. 지금 가장 좋은 것은 오른쪽 병이라고 하였다. 내담자는 "언젠가는 그렇게 되겠죠."라고 하였다.

🌿 생 각

20대 여성의 색채심리도안 작품이다.

　내담자는 그림 속 사람이 자신의 모습인 것 같고 생각에 잠겨 있는 모습이라고 하였다. 먼 산을 바라보듯 여유 있어 보이는 모습이지만, 사실 속마음은 여유보다 답답한 마음이라고 하였다. 나이는 서른을 넘어 서고 있는데 결혼을 한 것도 아니고 결혼할 사람이 있는 것도 아니다. 직장생활은 비정규직이어서 안정적으로 일을 하고 있는 것도 아닌데 특별히 애쓰고 있지 않는 것이 너무 낭창하게 보이는 것은 아닌가하고 생각한다고 하였다. 주황색이 눈에 띄는데, 그런 마음에도 불구하고 자유롭고 싶은 마음이 큰 것 같다고 하였다.

🍀 정 성

60대 여성의 색채심리도안 작품이다.

　내담자는 마음에 드는 도안을 선택하고 꼼꼼하게 색칠하려고 노력하였다. 그런데 바지 부분에서 노안 때문에 어른거려서 초점이 안 맞는다며 돋보기를 꺼내 끼고도 선 안에 색칠이 안 되어서 약간의 아쉬움을 표현하였다. 무엇을 하러 가는 것인지 물었는데, 옆에 있던 다른 집단원이 "쇼핑 가는 거겠지."라고 하였지만 잠시 있다가 하는 말이 '정성을 들이러 가는 것'이라고 하였다. 무엇에 대해 기도를 하고 싶으냐고 물으니 아들네는 괜찮은데 사위가 술을 많이 마셔서 걱정이라고 하며, 딸네가 편안했으면 해서 정성을 들이러 간다고 하였다. 색 중에서는 분홍색이 눈에 띈다고 하였다. 분홍의 의미를 안내하니 "내 마음하고 똑같네."라고 말하였다.

🍀 나의 어머니

70대 여성의 색채심리도안 작품이다.

　내담자는 걷기도 힘들고 손에 힘이 없어서 아주 연하게 색칠이 되었다. 이 모습을 보고 누구인 것 같으냐고 물으니 듬성듬성 있는 치아 사이로 발음이 새어 나오는데, 어머니와 딸의 모습 같은데 자신이 딸이고 친어머니가 생각난다고 하였다. 아주 오래전에 자신이 태어나고 돌아가셨고 그 후 새어머니가 들어와 살았다고 하였다. 친어머니는 얼굴도 모른다고 하였다. 다른 집단원들이 "고생하고 컸겠네."라고 하니, 새어머니가 잘하는 편이어서 탯줄을 잘못 달고 나온 자신을 젖을 먹이고 키우셨는데 그림처럼 이렇게 안아 주기도 하셨다고 하였다. "그래도 다행이네."라고 집단원들이 말해 주었다.

🍀 나의 아기

30대 여성의 색채심리도안 작품이다.

내담자는 지금은 아이들을 잘 키워야겠다는 마음이 크다고 하였다. 아이들이 너무나 예쁘고 사랑스러워서 어떻게 나에게 왔느냐고 아이들에게 묻기도 했다고 말하였다. 바탕을 하늘색으로 표현하였는데, 하늘색의 의미가 어머니의 사랑이나 무조건적인 수용을 의미한다는 것에 공감하였다.

🍀 맞잡은 손

50대 여성의 색채심리도안 작품이다.

※ 생각나는 단어 : 평화, 동맹, 이끌어주심, 악수, 화해.

　내담자가 생각하는 맞잡은 손은 평화, 동맹, 이끌어 주심, 악수, 화해의 의미다. 좋아하는 색이 핑크색과 하늘색이어서 두 색으로 표현을 한 것이고, 노란 테두리는 빛으로 둘러싸고 있음을 의미하였다. 주변 사람들과 평화롭게 살고자 하는 마음, 하느님의 이끌어 주심에 따르겠다는 마음을 표현하였다.

꽃

20대 여성의 색채심리도안 작품이다.

내담자는 이 도안을 선택하고 같은 색으로 표현할까 하다가 다른 색으로 표현하였다고 하였다. 표현한 색이 모두 선명하고 분명해 보인다는 말에, 하고 싶은 공부에 대한 열정은 변함이 없으며 꼭 이루고 싶다고 하였다. 빨간색이 눈에 띈다고 하였는데, 이는 열정의 마음이라고 하였다.

🍀 지친 마음

40대 여성의 색채심리도안 작품이다.

　내담자는 여러 도안 중에서 이 도안이 눈에 띄었다고 하였다. 지친 마음이라고 하였는데 공부를 하고 있고 지금 많이 지쳐 있다고 하였다. 공부를 하는 중에 또 한 번 느낀 것은 미루지 말아야겠다는 것이다. 미루다 보니 쌓이게 되고 종료일까지 한꺼번에 하려니 이렇게 된 것 같다고 하였다. 이야기하고 나서 눈에 띄는 색은 빨강이라고 하였다. 다음부터는 미루지 않고 열심히 해야겠다는 생각이 든다고 하였다.

배

고등학교 1학년 여학생의 색채심리도안 작품이다.

　내담자는 배의 용도를 일하기보다 여행을 하는 배라고 하였다. 많은 사람이 타고 다른 나라로 여행을 가고 있고, 날씨도 좋다고 하였다. 바다 속에는 물고기들이 많고 잔잔한 편이라고 하였다. 눈에 띄는 것은 게인데, 게가 집에서 놀러 나왔다고 하였다. 그런데 멀리 가지 않고, 호기심 어린 마음으로 물고기를 바라보고만 있다고 하였다. 이 학생은 학교를 그만두고 싶어 하는 마음이 크지만 엄마의 권유를 거역하지 못하고 있는 상황이었다.

🌸 동 생

고등학교 3학년 여학생의 색채심리도안 작품이다.

　내담자에게 어떤 사이냐고 물으니 동생과 자기의 모습 같다고 하였다. 동생은 지적장애의 문제를 가지고 있어 인문계 고등학교로 진학하는 것을 염려하였다. 초등학교에 다닐 때는 이렇게 동생과 사이좋게 지냈는데 언젠가부터 멀어진 것 같다고 하였다. 예전처럼 동생과 사이좋게 지내고 싶은 마음이라고 하였다.

05

색채심리도안

1. 인생

🏷 어린 시절

어린 시절 자신의 모습을 떠올려 보고 표현해 보세요.

친구1

친구들과 함께 즐겁게 뛰어놀던 때를 표현해 보세요.

🏷 친구 2

친구들과 함께 사이좋게 지내던 때를 표현해 보세요.

🏷️ 청년기(남자)

자신의 청년기 모습을 표현해 보세요. 또는 자신이 만났던 그 사람을 표현해 보세요.

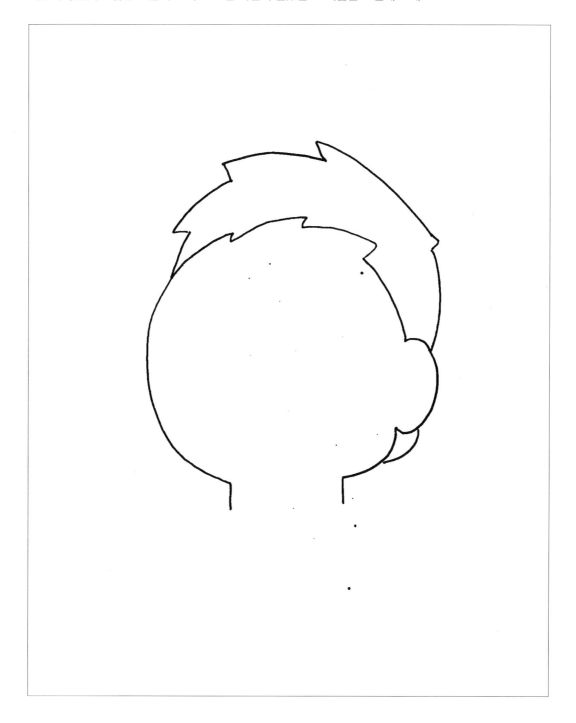

청년기(여자)

자신의 청년기 모습을 표현해 보세요.

청년기

자신이 만났던 그 사람을 표현해 보세요.

🏷 젊은 날의 모습

자신의 젊은 시절을 떠올려 표현해 보세요.

🏷️ 독립

어머니와 아버지에게서, 집에서 떠나던 날을 표현해 보세요.

엄마와 딸

어머니와 결혼 전 자신의 모습을 떠올려 표현해 보세요.

신부

자신의 결혼식 모습을 떠올려 표현해 보세요.

🏷 신 랑

자신의 결혼식 모습을 떠올려 표현해 보세요.

결혼식

자신의 결혼식을 떠올려 표현해 보세요.

🏷️ 임신기

임신했을 때 또는 아내가 임신을 했을 때 모습을 표현해 보세요.

🏷️ 엄마와 아기

어머니와 아기의 모습을 표현해 보세요.

아빠와 아들

자녀와 함께 있는 자신의 모습을 표현해 보세요. 또는 어릴 적 아빠와 함께 한 모습을 떠올려 표현해 보세요.

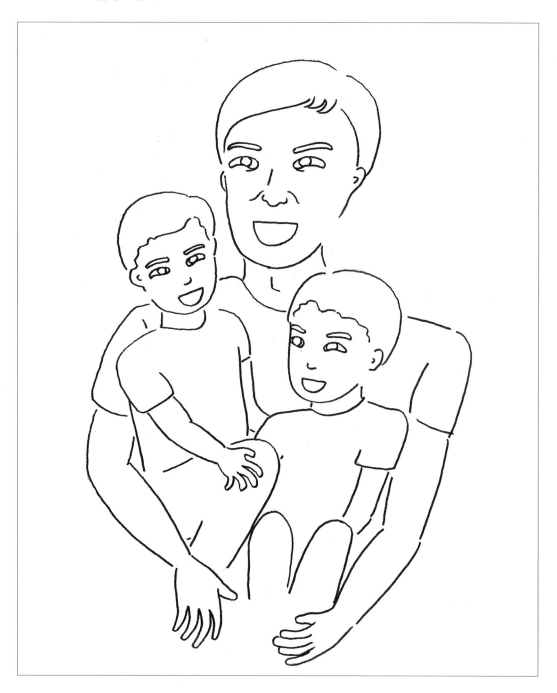

🏷️ 우리 가족

우리 가족을 표현해 보세요.

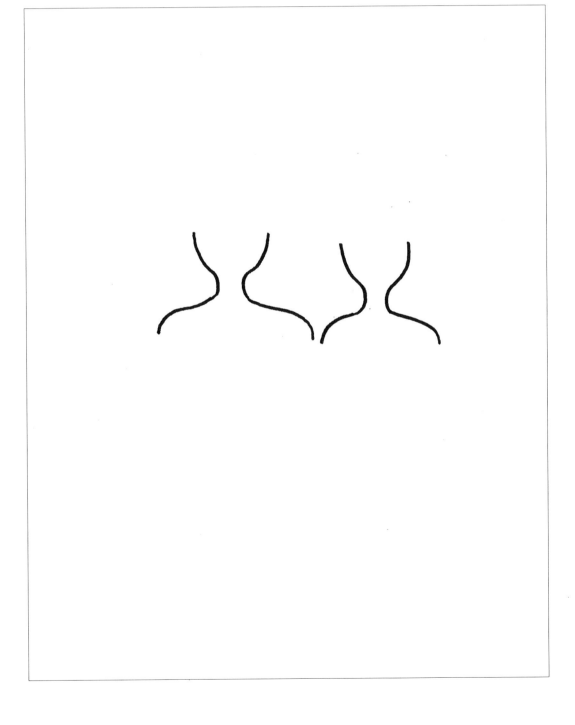

결혼 초기

결혼 초기 부부의 모습을 표현해 보세요.

🏷️ 중년기 1

중년기 자신의 모습을 표현해 보세요.

중년기 2

중년기 자신의 모습을 표현해 보세요.

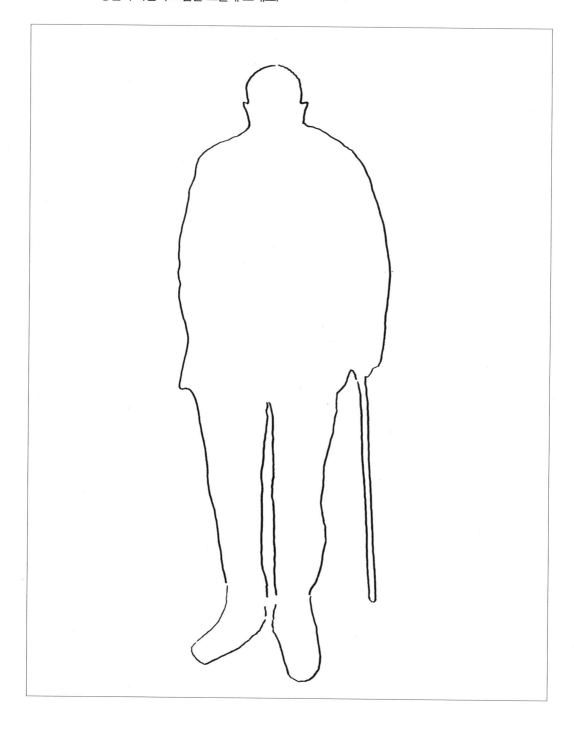

🏷️ 노부부

노인이 된 부부의 모습을 표현해 보세요.

🏷️ 노인 1

아버지의 모습이나 자신이 만났던 노인의 모습 혹은 자신의 미래 모습을 표현해 보세요.

노인 2

어머니의 모습이나 자신이 만났던 노인의 모습 혹은 자신의 미래 모습을 표현해 보세요.

그 사람

인생을 살면서 만났던 잊지 못할 그 사람을 표현해 보세요.

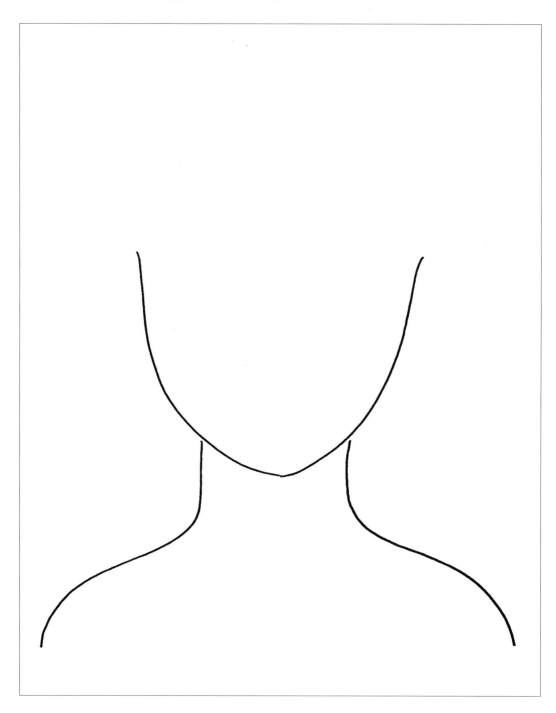

🏷️ 힘들었던 일

지금까지 살면서 누구와의 관계가 힘들었는지 표현해 보세요.

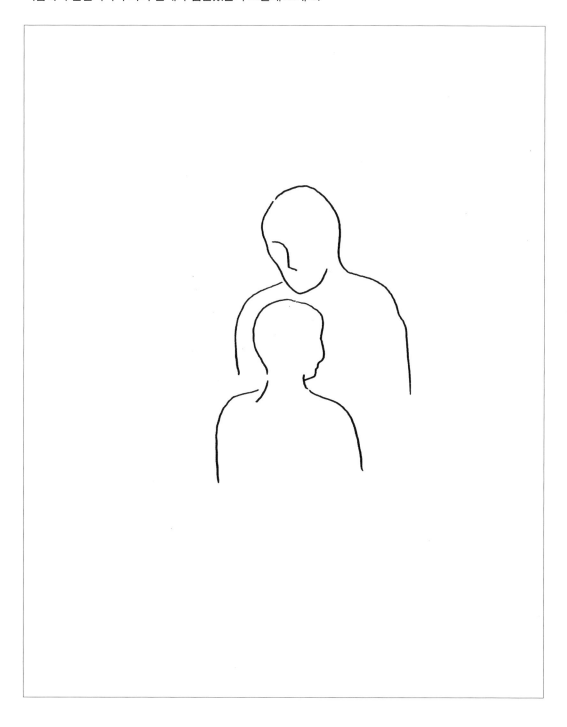

🏷️ 사랑의 실패

사랑했던 사람과의 이별을 표현해 보세요.

다 리

다리를 건너는 것처럼 내 인생에서의 변화를 표현해 보세요.

🏷️ 성장 과정

자신의 성장 과정을 색으로 표현해 보세요.

옛 집

어린 시절 살던 옛집을 표현해 보세요.

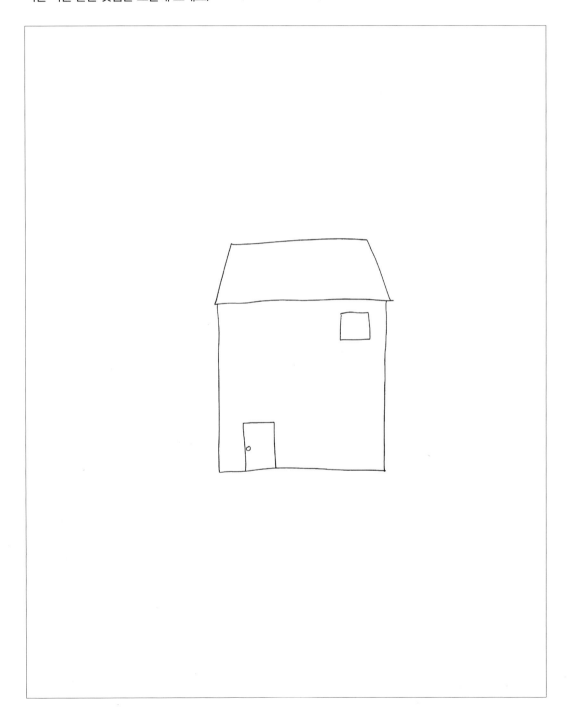

🏷️ 인생의 제목

지나온 인생을 돌이켜 보고 제목과 함께 인생을 한 권의 책으로 표현해 보세요.

📎 장식장

지나온 인생을 돌이켜 보고 기념이 될 물건을 장식장 안에 놓아 보세요.

🏷️ 앞으로 펼쳐질 내 인생

앞으로 어떤 삶이 펼쳐지길 원하시나요. 원하는 모습을 표현해 보세요.

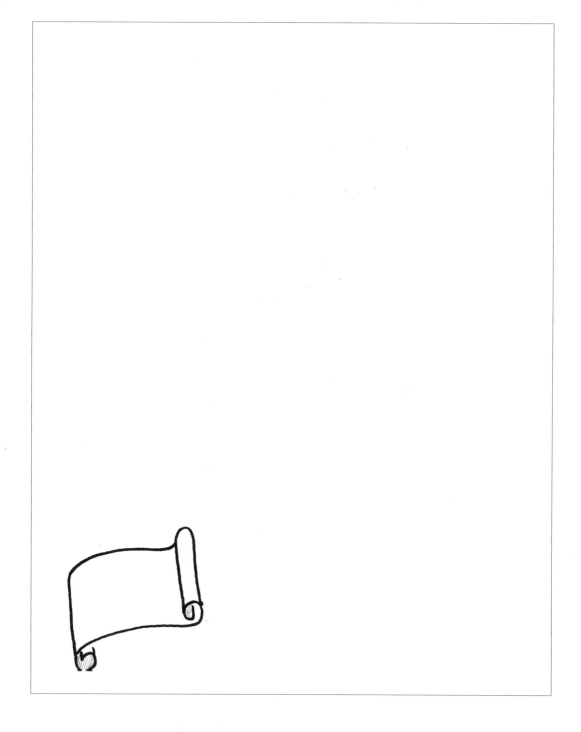

봄

자신의 인생에서 봄을 표현해 보세요. 또는 자연의 봄을 표현해 보세요.

🏷️ 여름

자신의 인생에서 여름을 표현해 보세요. 또는 자연의 여름을 표현해 보세요.

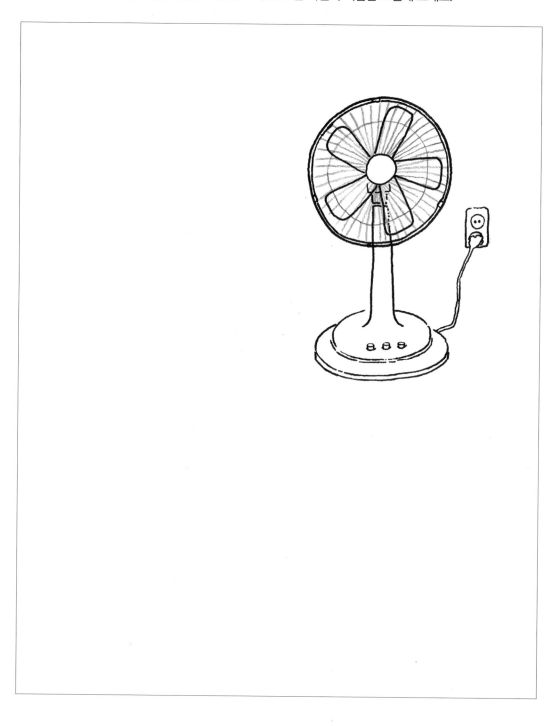

가을

자신의 인생에서 가을을 표현해 보세요. 또는 자연의 가을을 표현해 보세요.

겨 울

자신의 인생에서 겨울을 표현해 보세요. 또는 자연의 겨울을 표현해 보세요.

하루 중 낮

하루 중 낮의 생활을 표현해 보세요.

🏷️ 하루 중 밤

하루 중 밤의 생활을 표현해 보세요.

🏷️ 달 님

달님에게 어떤 이야기를 하고 싶나요?

나 비

나비는 어디로 가고 있을까요? 나비는 무엇을 하고 싶을까요?

꽃 1

자연의 꽃을 표현해 보세요. 또는 내 마음을 꽃으로 표현해 보세요.

꽃 2

자연의 꽃을 표현해 보세요. 또는 내 마음을 표현해 보세요.

꽃 3

자연의 꽃을 표현해 보세요. 또는 내 마음을 표현해 보세요.

꽃 4

자연의 꽃을 표현해 보세요. 또는 내 마음을 표현해 보세요.

🏷️ 꽃 5

자연의 꽃을 표현해 보세요. 또는 내 마음을 표현해 보세요.

꽃 6

자연의 꽃을 표현해 보세요. 또는 내 마음을 표현해 보세요.

🏷 꽃 7

자연의 꽃을 표현해 보세요. 또는 내 마음을 표현해 보세요.

꽃 8

자연의 꽃을 표현해 보세요. 또는 내 마음을 표현해 보세요.

🏷️ 과일 1

지금까지 어떤 열매를 맺었나요? 또는 어떤 열매를 맺고 싶나요?

과일 2

지금까지 어떤 열매를 맺었나요? 또는 어떤 열매를 맺고 싶나요?

과 일 3

지금까지 어떤 열매를 맺었나요? 또는 어떤 열매를 맺고 싶나요?

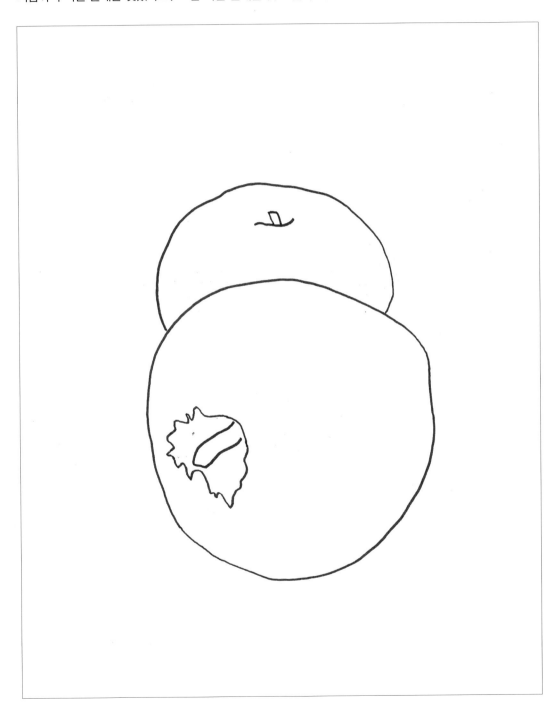

🏷️ 동물 1

함께 살았던 동물이나 만났던 동물을 표현해 보세요.

동물2

함께 살았던 동물이나 만났던 동물을 표현해 보세요.

동물 3

함께 살았던 동물이나 만났던 동물을 표현해 보세요.

동물 4

함께 살았던 동물이나 만났던 동물을 표현해 보세요.

동물 5

내 주변 사람을 동물로 표현해 보세요.

🏷️ 동물 6

내 주변 사람을 동물로 표현해 보세요.

🏷️ 동물 7

내 주변 사람을 동물로 표현해 보세요.

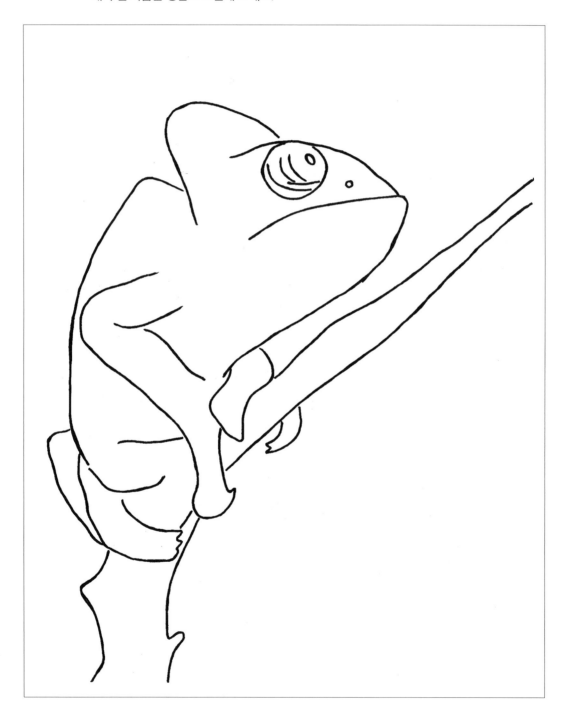

🏷️ 동물 8

내 주변 사람을 동물로 표현해 보세요.

🏷️ 동물 9

내 주변 사람을 동물로 표현해 보세요.

동물 10

내 주변 사람을 동물로 표현해 보세요.

🏷️ 동물 11

내 주변 사람을 동물로 표현해 보세요.

동물 12

내 주변 사람을 동물로 표현해 보세요.

🏷️ 동물 13

내 주변 사람을 동물로 표현해 보세요.

🏷 풍경 1

내 마음의 풍경을 표현해 보세요.

풍경 2

내 마음의 풍경을 표현해 보세요.

풍경 3

내 마음의 풍경을 표현해 보세요.

풍경 4

내 마음의 풍경을 표현해 보세요.

풍경 5

내 마음의 풍경을 표현해 보세요.

🏷️ 풍경 6

내 마음의 풍경을 표현해 보세요.

풍경 7

내 마음의 풍경을 표현해 보세요.

🏷️ 풍경 8

내 마음의 풍경을 표현해 보세요.

풍경9

내 마음의 풍경을 표현해 보세요.

🏷️ 풍 경 10

내 마음의 풍경을 표현해 보세요.

🏷 풍경 11

내 마음의 풍경을 표현해 보세요.

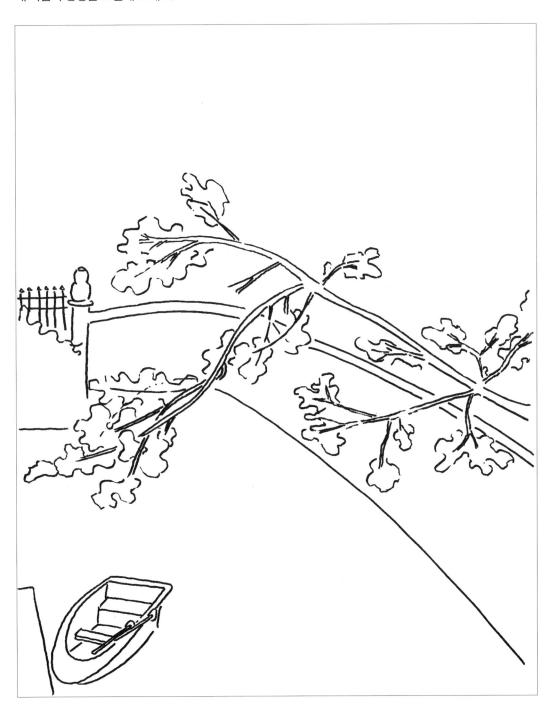

🏷️ 풍경 12

내 마음의 풍경을 표현해 보세요.

🏷 풍경 13

내 마음의 풍경을 표현해 보세요.

풍경 14

내 마음의 풍경을 표현해 보세요.

풍경 15

내 마음의 풍경을 표현해 보세요.

풍경 16

내 마음의 풍경을 표현해 보세요.

🏷️ 풍 경 17

내 마음의 풍경을 표현해 보세요.

🏷️ 기적 질문

밤에 자는 동안 기적이 일어나 지금 당신이 고민하고 있는 문제가 해결되었다고 상상해 봅시다. 아침에 무엇을 보면 지난밤에 기적이 일어났다는 것을 알 수 있을까요?

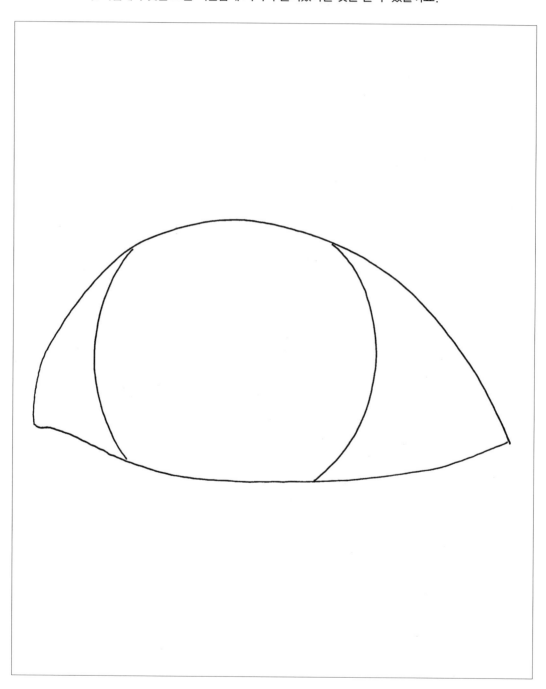

🏷️ 마음의 무게 1

내 마음의 무게는 얼마나 될까요?

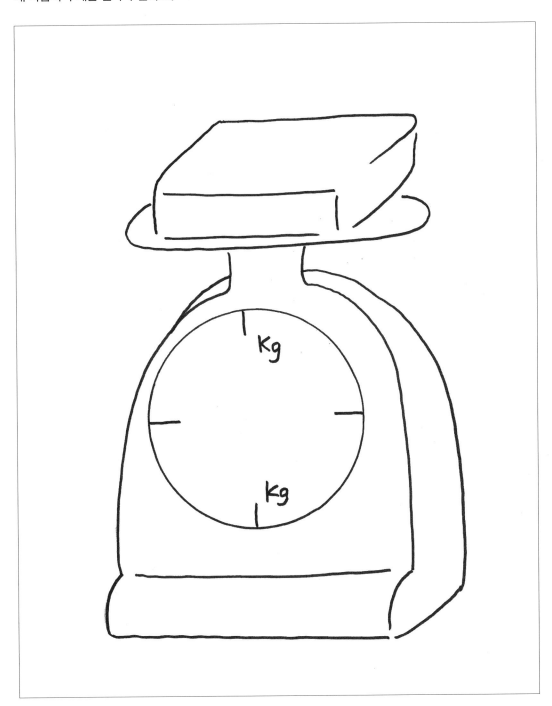

🏷 마음의 무게 2

내 마음의 무게는 얼마나 될까요?

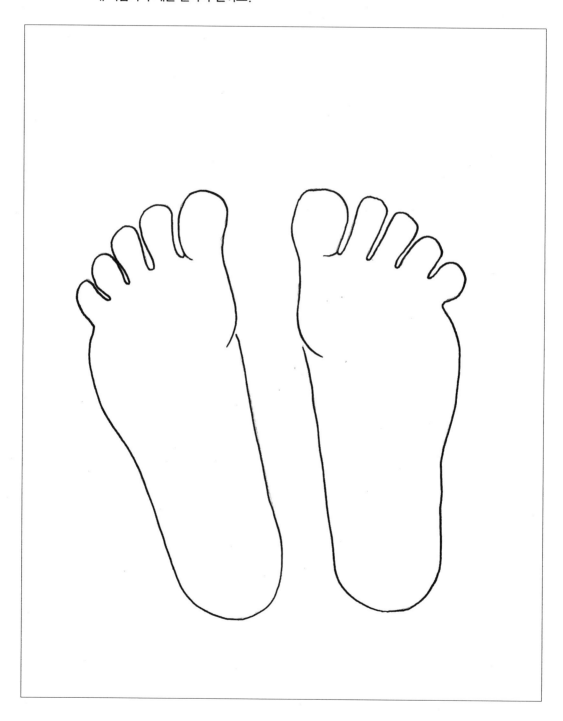

🏷 마음의 색

지금 내 마음을 표현해 보세요.

🏷️ 내 안의 꿈

표현하지 않았던 내 안의 큰 꿈은 무엇인가요?

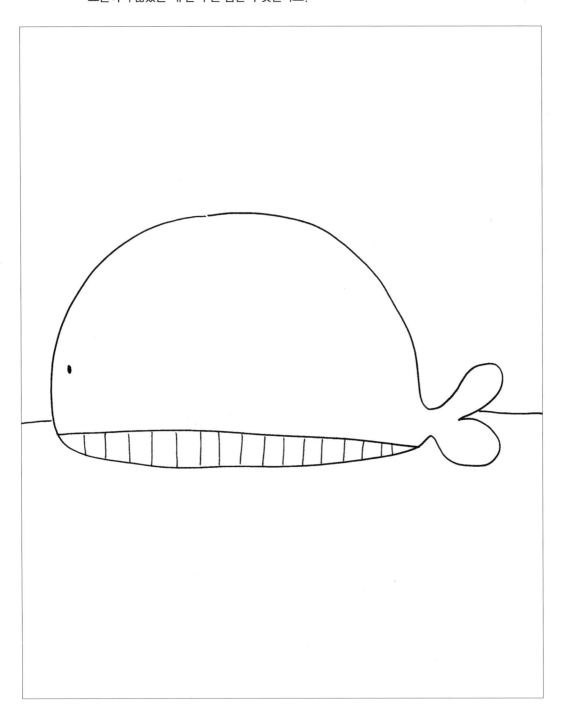

🏷️ 머릿속 생각 1

떠오르는 생각을 표현해 보세요.

🏷️ 머릿속 생각 2

떠오르는 생각을 표현해 보세요.

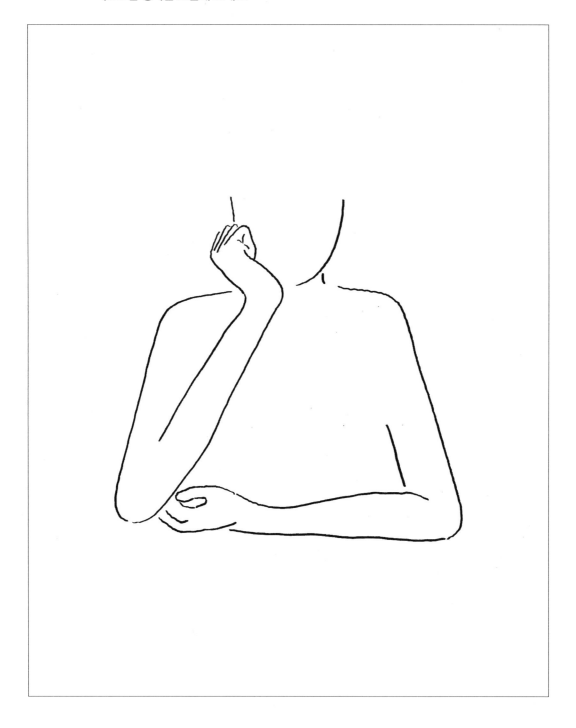

🏷️ 생각 1

지금 무슨 생각을 하고 있을까요?

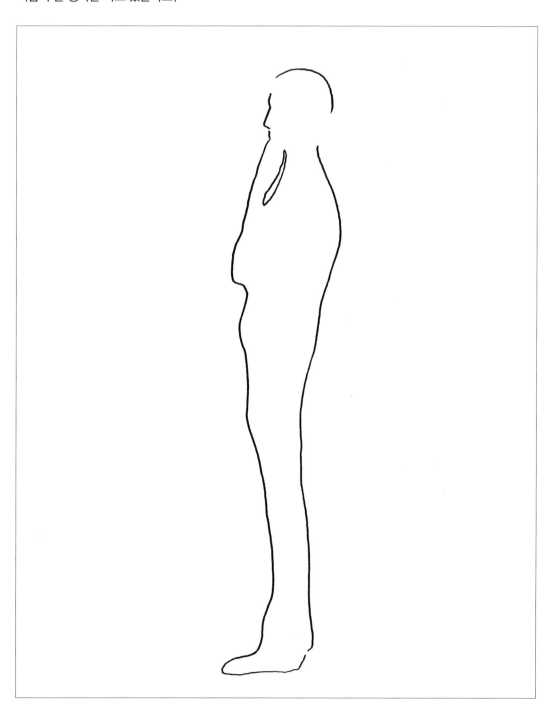

🏷 생각 2

누구일까요? 무슨 생각을 하고 있을까요?

🏷️ 다른 생각

부정적인 생각을 손바닥 뒤집듯 뒤집어 생각해 볼 수 없을까요?

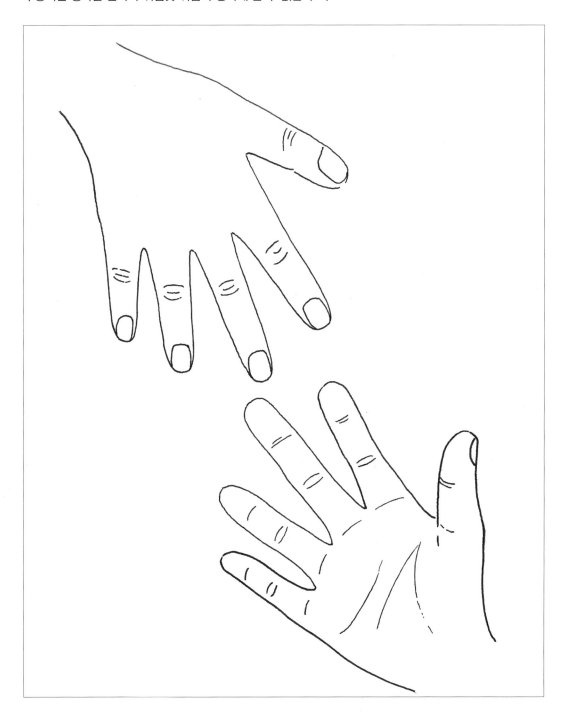

🏷️ 인생의 어느 날

인생의 어느 날에 혼자라고 느꼈나요?

🏷️ 인생의 커튼 1

커튼을 펼쳤을 때 나왔으면 하는 장면을 표현해 보세요.

🏷️ 인생의 커튼 2

살면서 보기 힘들었던 장면은 어떤 모습이었나요?

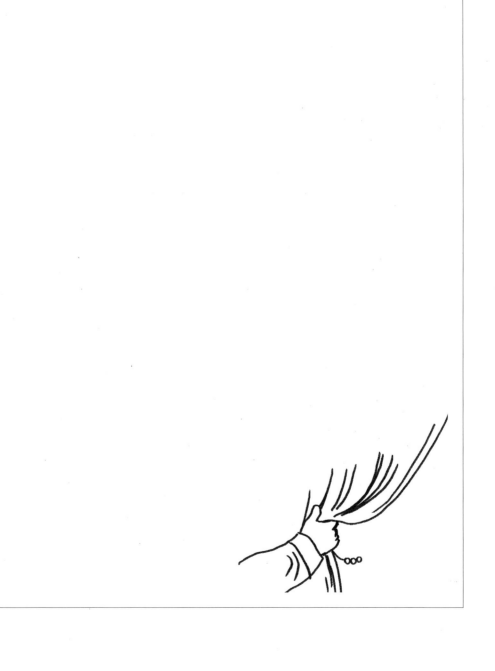

🏷 보고 싶지 않은 장면

보고 싶지 않았던, 또는 떠올리고 싶지 않은 것을 표현해 보세요.

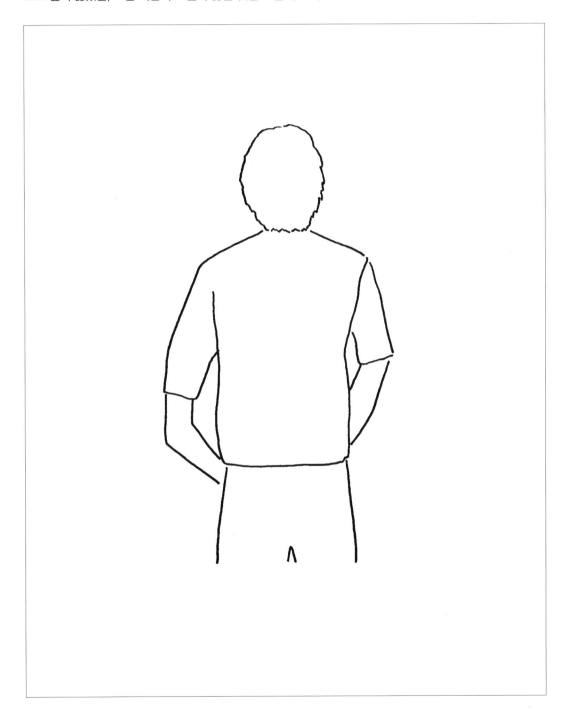

버리고 싶은 것

버리고 싶은 기억이나 습관, 혹은 버리지 못하는 그 무엇에 대해 표현해 보세요.

🏷 지우고 싶은 페이지

컴퓨터 마우스를 한 번 클릭하여 지울 수 있다면, 삶 중에서 어떤 장면을 지우고 싶은지 표현해 보세요.

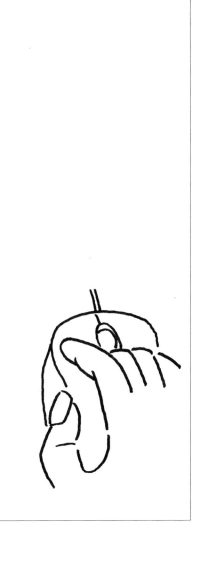

🏷️ 펼쳐진 페이지

지금 나에게 펼쳐져 있는 인생 페이지는 어떤 내용인가요?

초기 기억

초기 기억이나 아주 오래된 과거의 한 장면입니다. 어떤 장면일까요?

🏷️ 모래시계

시간을 다투는 위급했던 상황이 언제였나요?

🏷️ 드라마 주인공

TV 드라마 주인공처럼 오늘 누구를 만나서 무슨 이야기를 나누었으며, 어떤 감정을 느꼈는지
표현해 보세요.

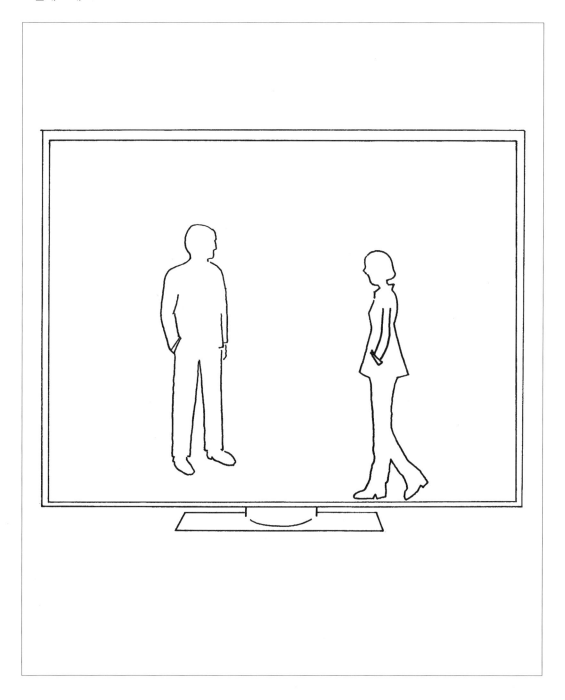

🏷️ 신 발

누구의 신발일까요? 그 사람의 신발을 표현해 보세요.

접 시

어머니가 해 주셨던 요리를 표현해 보세요.

🏷️ 사랑의 쪽지

사랑하는 사람에게 보낸, 사랑하는 사람에게 받은 사랑의 편지를 떠올려 표현해 보세요.

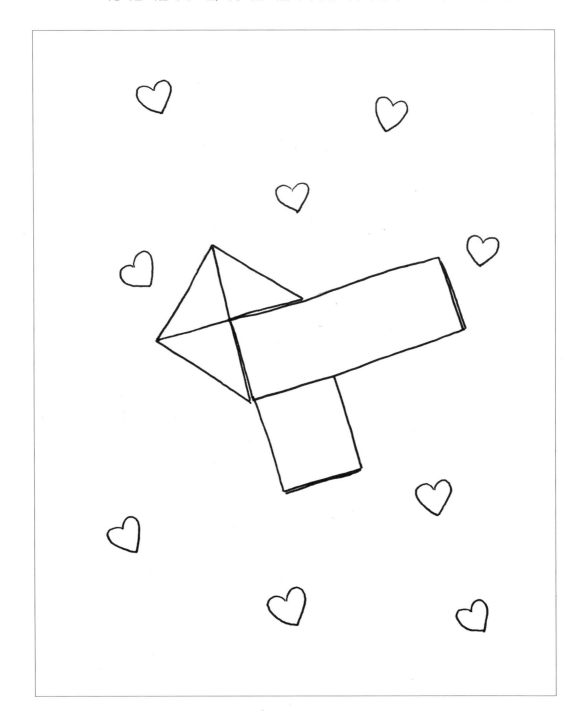

🏷️ 관 찰

지금 누구의 행동을 관찰하고 있나요? 표현해 보세요.

🏷️ 페르소나

남에게 보여 주는 나의 가면입니다. 어떤 모습일까요?

🏷 하고 싶은 말 1

당신은 누구에게 무슨 말을 하고 싶은가요?

🏷️ 하고 싶은 말 2

무슨 말을 누구에게 하고 싶은가요?

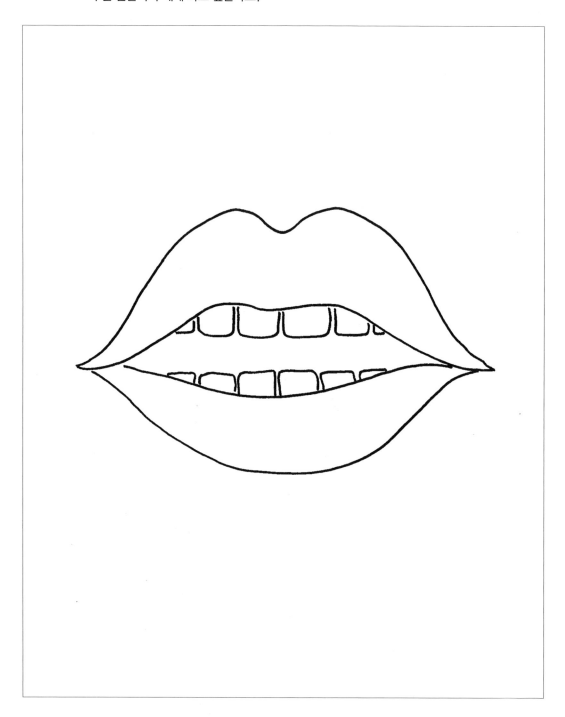

4. 욕 구

🏷 카 트

무엇이든 담을 수 있는 카트입니다. 무엇을 담고 싶은지 표현해 보세요.

📍 장바구니

무엇이든 담을 수 있는 장바구니입니다. 담고 싶은 것을 표현해 보세요.

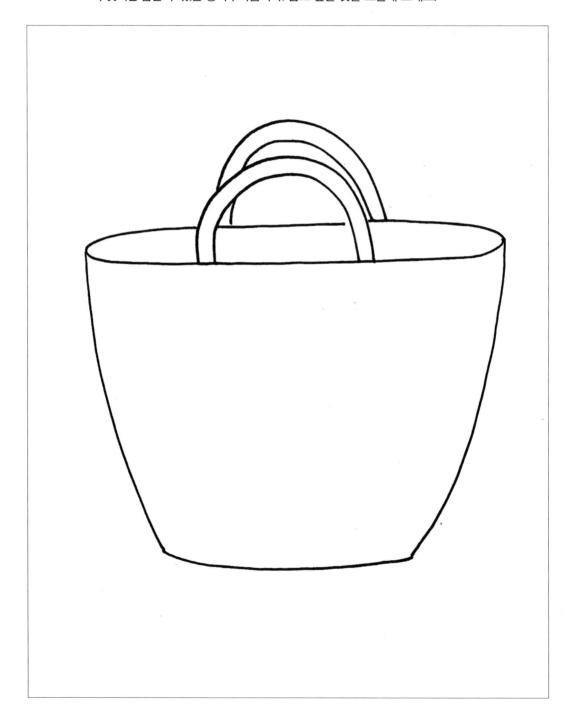

🏷️ 항아리

내 마음에 담고 싶은 것을 표현해 보세요.

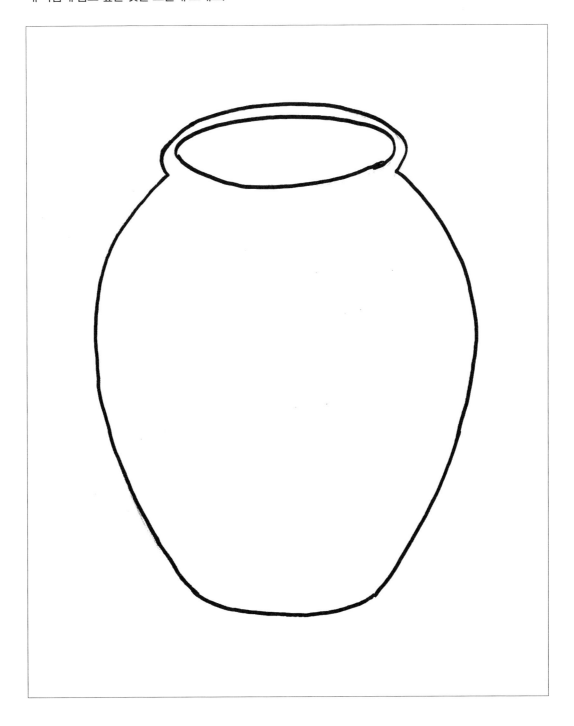

새

새는 어디로 날아가고 있는 걸까요?

🏷️ 열기구

과거나 미래뿐만 아니라 어디든 갈 수 있는 열기구입니다. 당신은 어디로 가고 싶나요?

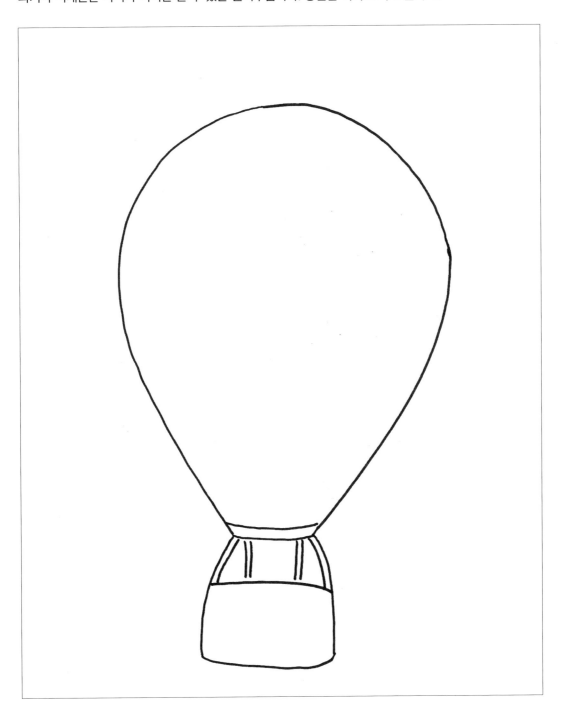

🏷️ 사랑의 표현 – 사랑의 욕구

사랑의 마음을 가진 나를 표현해 보세요.

🏷 즐거움의 욕구

무엇을 하면 즐거운가요? 즐거운 나를 표현해 보세요.

🏷️ 자유에 대한 욕구

어디로 자유롭게 가고 싶나요?

🏷️ 10년 후 책상 – 힘과 성취의 욕구

10년 후 또는 20년 후 나는 어떤 명패가 있는 책상 앞에 앉아 있을까요?

🏷️ 기도 – 안전에 대한 욕구

무엇을 위해 기도하고 있습니까?

기 도

무엇을 위해 기도하고 있습니까?

🏷️ 비밀의 화원

비밀의 화원으로 들어가는 입구이며, 원하는 곳이 나올 수 있습니다.

🏷️ 요술 지팡이

지팡이를 흔들면 원하는 것이 나타나게 됩니다. 무엇이 나오면 좋을까요?

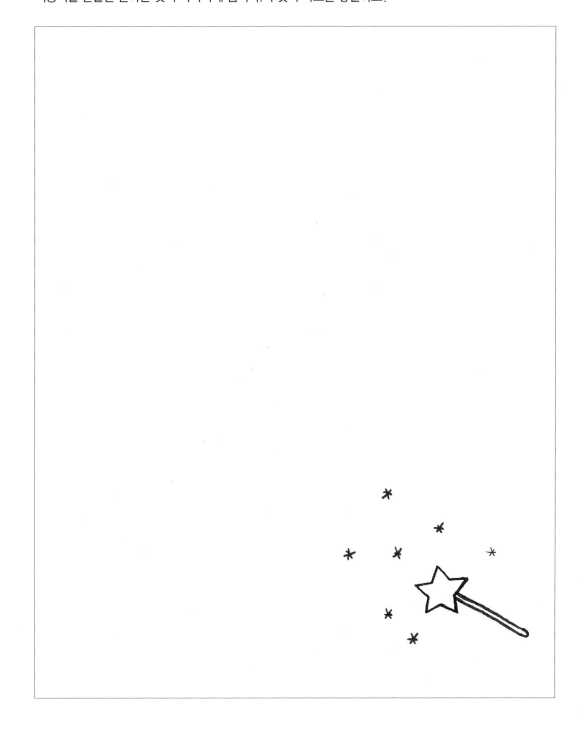

램프

램프를 켜면 요정이 나와 소원을 들어줍니다. 이루어진 소원을 표현해 보세요.

🏷️ 10년 후의 창

10년 후 모습을 표현해 보세요.

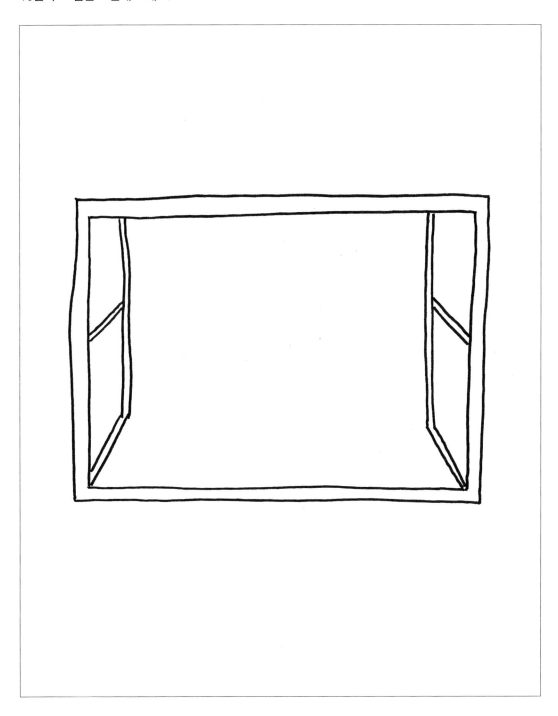

행운

어떤 행운이 왔으면 하나요?

🏷️ 담고 싶은 장면

어떤 모습을 기억 속에 담고 싶나요?

자유

자유롭게 여행했던 곳을 표현해 보세요.

배

어디로 떠나고 싶나요?

비행기

어디로 가고 싶나요?

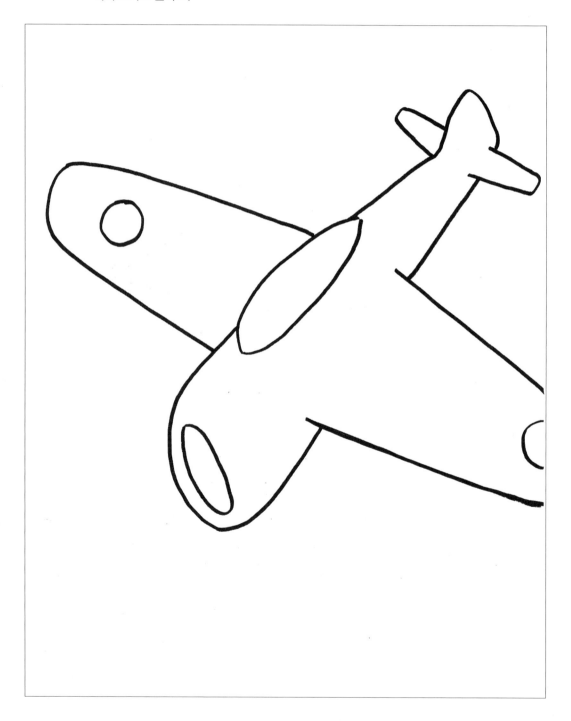

자원

이 씨앗은 어떻게 자랄까요? 나의 자원을 생각하며 표현해 보세요.

향기

자신만의 향기를 표현해 보세요.

의 자

함께 앉고 싶은 사람을 표현해 보세요.

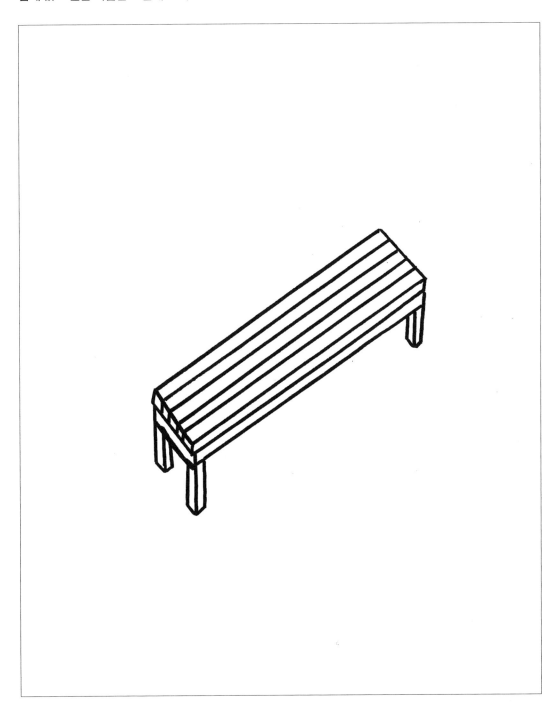

걷 기

천천히 걸으며 살던 때는 언제였나요?

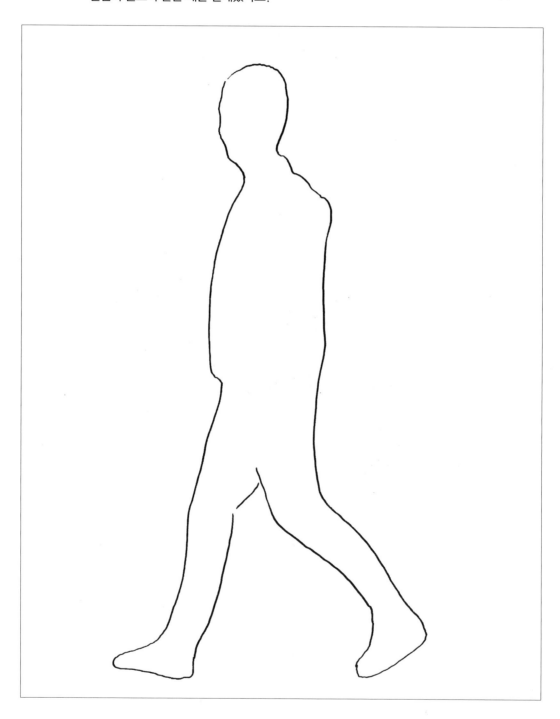

달리기

달리며 살던 때는 언제였나요?

당근

나에게 채찍이 아닌 당근이 되는 것은 무엇인가요?

🏷️ 유니콘

다른 사람과 다른 나만의 독특함은 무엇인가요?

🏷 음 악 1

힘이 되는 음악을 떠올려 표현해 보세요.

🏷️ 음악 2

힘이 되는 음악을 표현해 보세요.

🏷️ 음악 3

힘이 되는 음악은 무엇일까요?

🏷️ 맞잡은 손

도움이 필요할 때 누가 힘이 되나요?

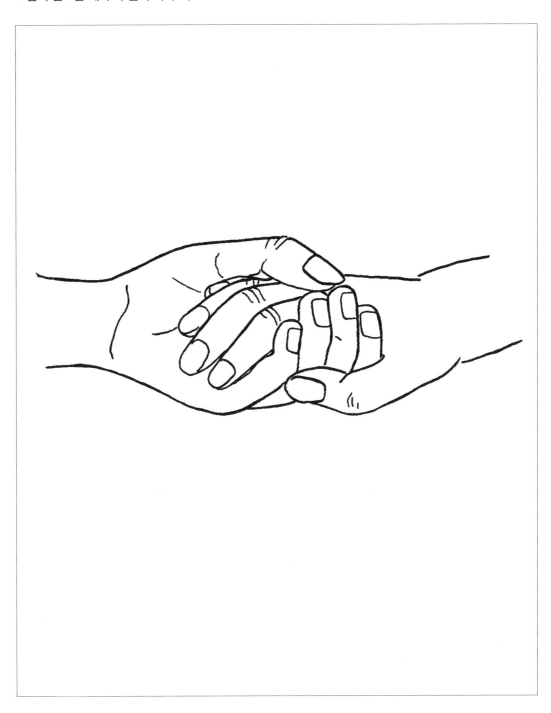

🏷️ 자동차

어디든 갈 수 있는 자동차입니다. 자동차처럼 나에게 자유를 주는 것은 무엇일까요?

여유

여유가 있다면 무엇을 하고 싶나요? 언제 여유를 낼 수 있나요?

여 행

여행을 떠났던 기억을 떠올려 보세요. 어떠했나요?

편지

누구에게서 온 어떤 내용의 편지일까요?

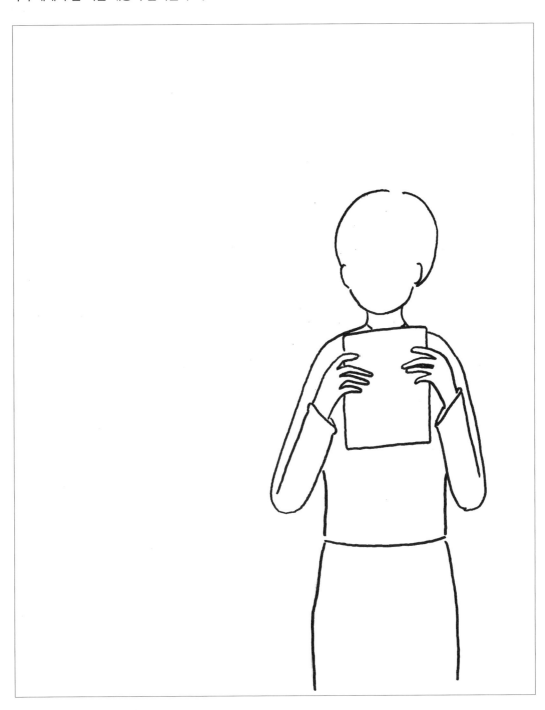

6. 고난과 도전

 결투

누가 싸움을 걸어 왔나요?

🏷 고난의 바람

고난의 바람이 불고 있습니다. 어떤 일이 힘든가요?

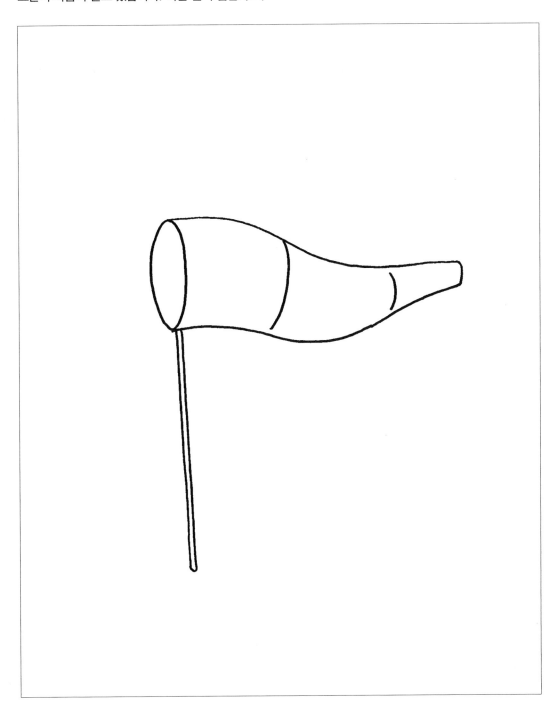

🏷️ 구 속

누구에게, 무엇에 구속된 마음이 있나요?

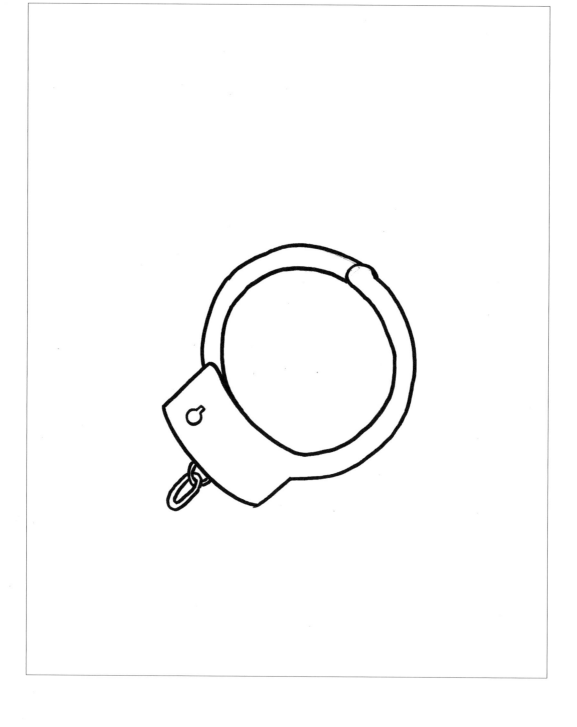

🏷️ 승부욕

무엇을 이기고 싶은 마음이 있나요?

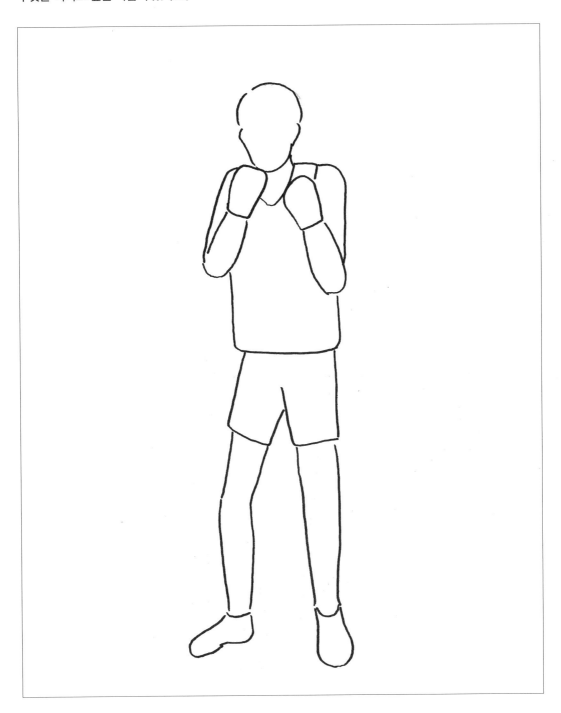

도 전

번지점프를 하듯 도전해 본 것에 대해 표현해 보세요.

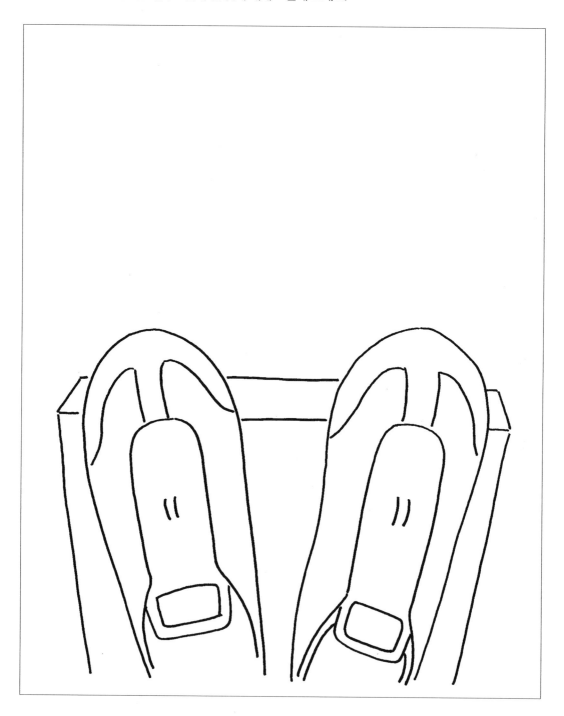

연

무엇을 목표로 움직이고 있나요?

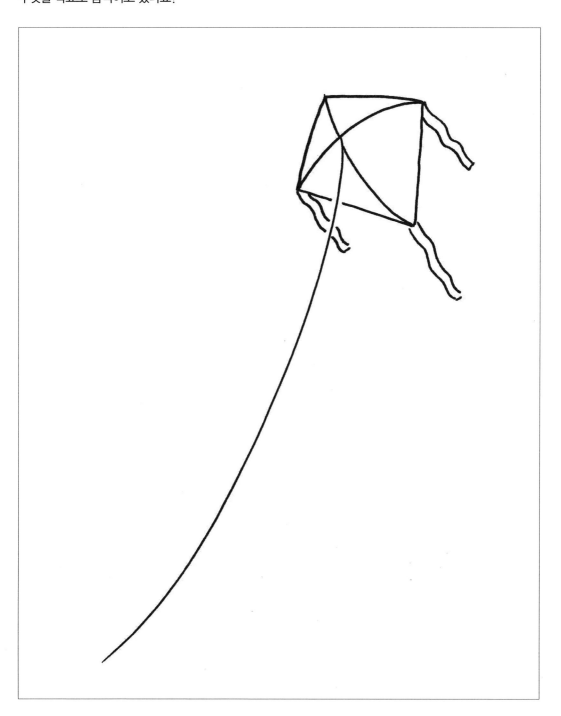

디딤돌

내 삶에서 무엇이 디딤돌이었나요?

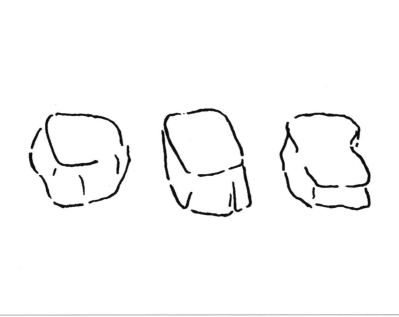

창

이 창의 끝은 어디로 향하고 있나요?

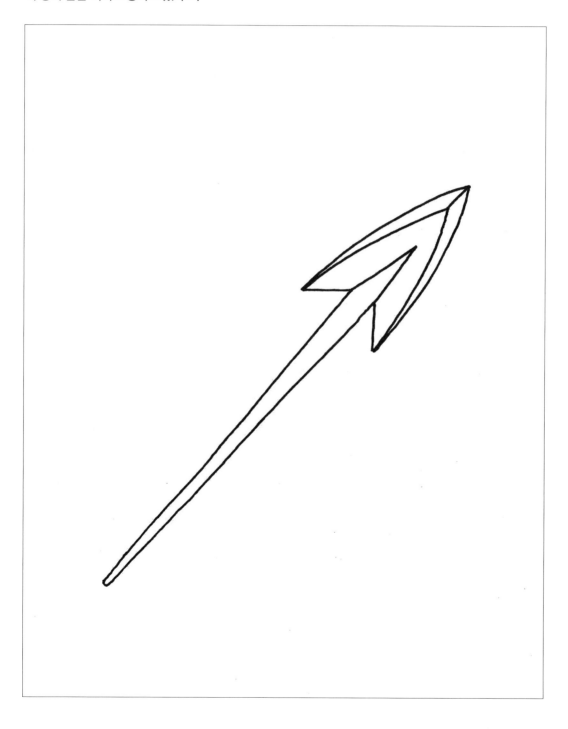

탐험

어떠한 모험, 탐험을 해 보고 싶나요?

벌

벌을 받았던 일을 떠올려 표현해 보세요.

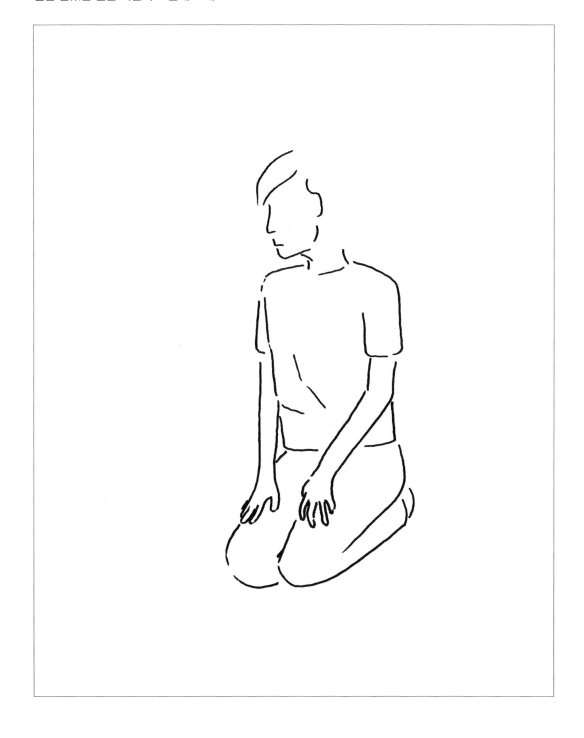

걸 음

어디를 향해 발걸음을 옮기고 있나요?

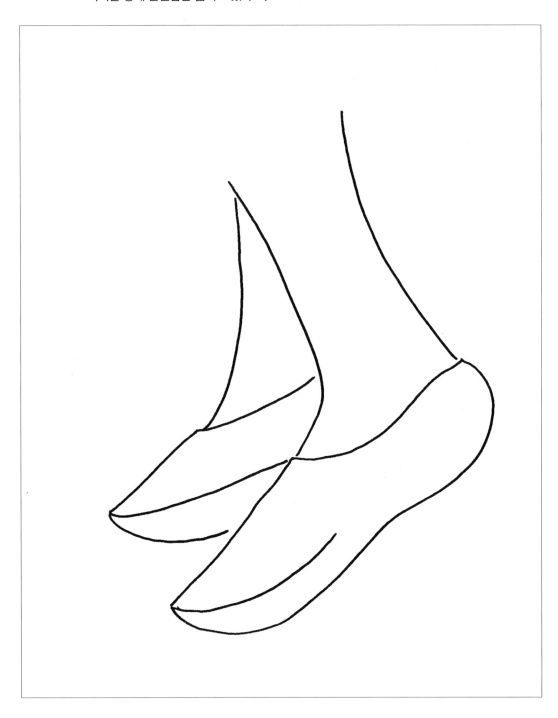

🏷️ 주사위

이미 던져진 주사위는 무엇을 의미할까요?

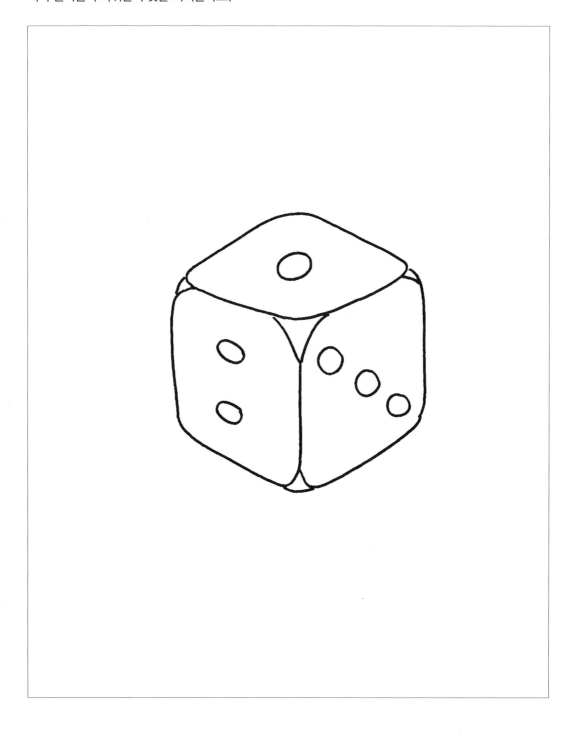

우산

무엇이 비 오는 날 나에게 우산이 되어 주나요?

위 기

언제 위기를 경험했나요?

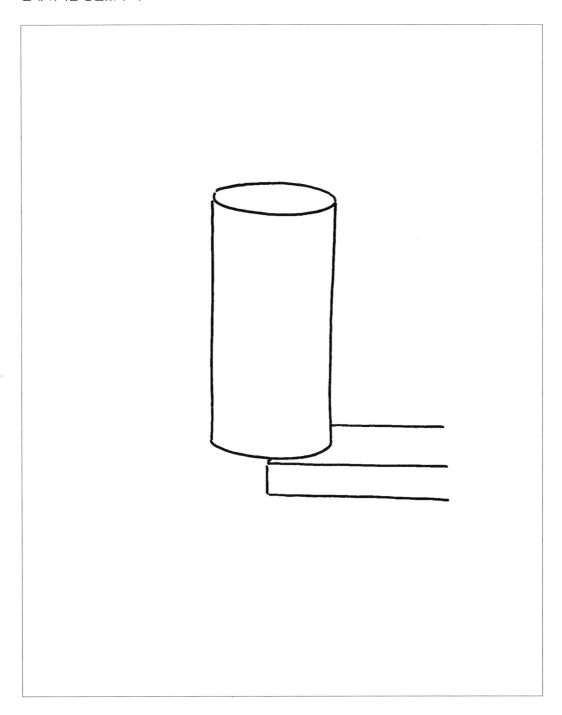

파 도

어떤 상황이 위기라고 느꼈나요?

🏷 지적 1

누군가에게 지적을 받았나요?

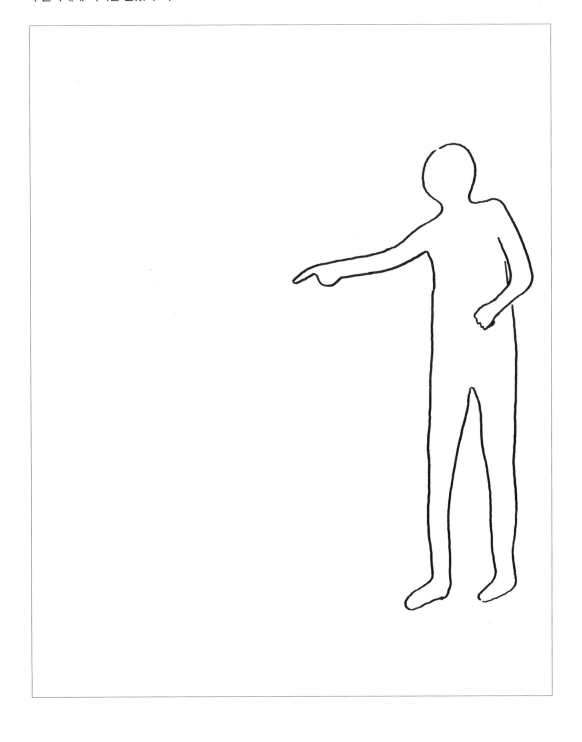

🏷️ 지적 2

누군가에게 지적을 받았나요?

🏷️ 피곤

내 의지대로 할 수 없어서 지치고 힘든 날을 표현해 보세요.

깃발

힘들 때 응원의 깃발이 되었던 것은 무엇인가요?

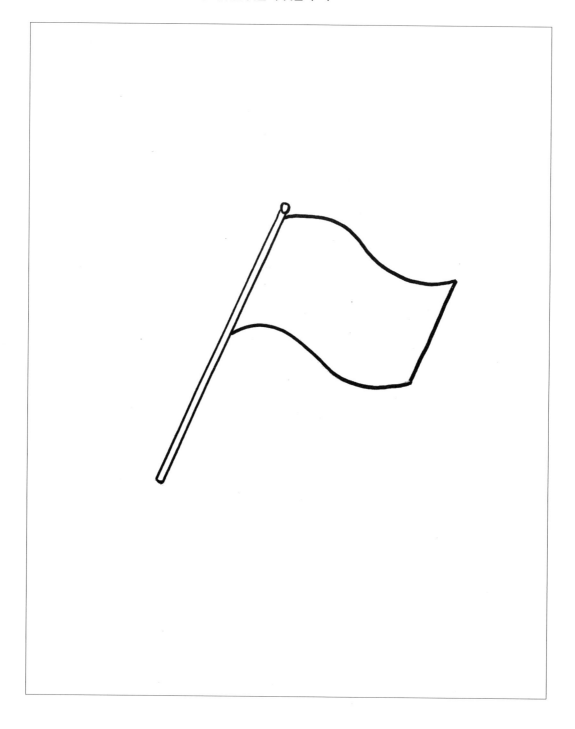

신호등

신호등처럼 멈춰야 하거나 우회전, 좌회전, 유턴을 해야 한다고 생각한 것은 어느 때였나요?

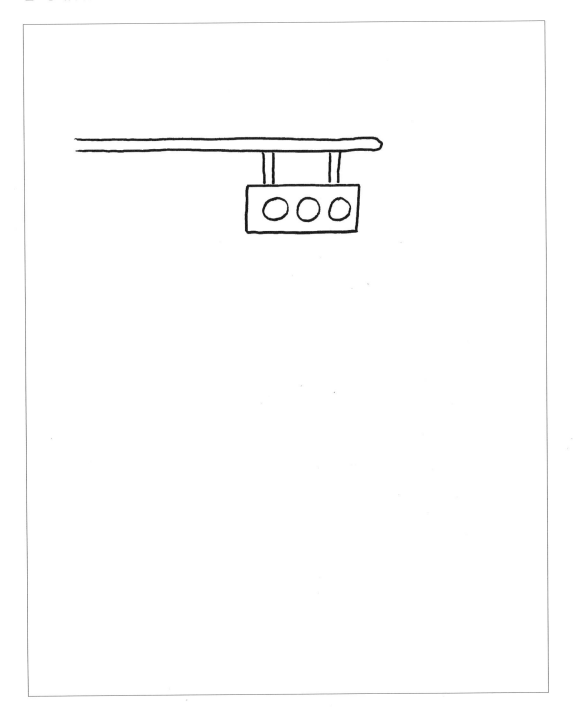

7. 긍정의 감정

 따뜻한 차 한 잔

누군가로부터 받은 따뜻하거나 시원했던 차 한 잔의 느낌을 표현해 보세요.

🏷️ 커피 한 잔의 여유

커피 한 잔의 여유가 있는 느낌을 표현해 보세요.

🏷️ 뭘 할까

무엇을 하고자 할까요?

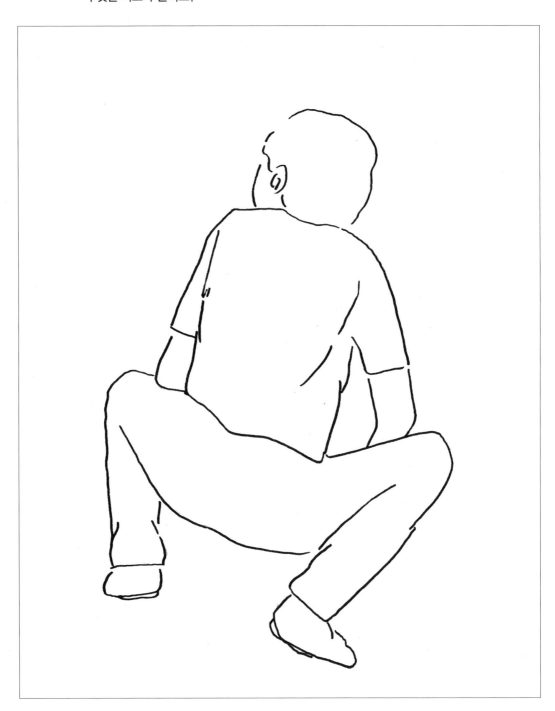

🏷️ 포옹

편안하고 행복한 포옹의 느낌을 표현해 보세요.

🏷 사랑

할아버지가 누군가에게 무엇을 주고 있습니다. 그 마음을 표현해 보세요.

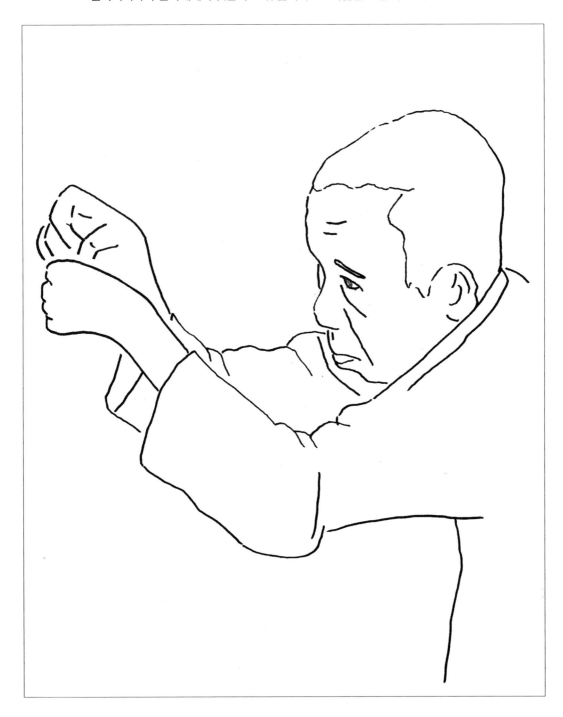

하 트

사랑의 마음을 표현해 보세요.

🏷️ 선 물

크리스마스에 받고 싶은 선물을 표현해 보세요.

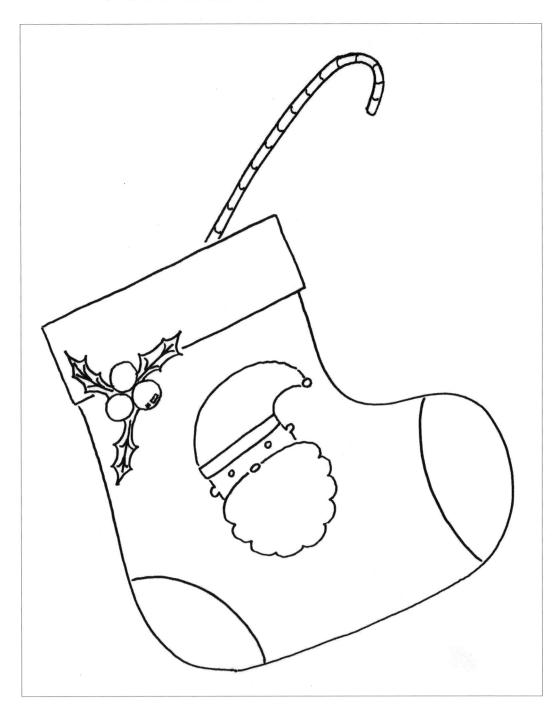

🏷️ 쉼

아무 생각 없이 쉬고 있습니다. 그 느낌을 표현해 보세요.

누워 있는 모습

누워 있는 편안한 모습입니다. 그 느낌을 표현해 보세요.

불 씨

내 마음의 불씨를 표현해 보세요.

열 정

내 마음의 열정을 표현해 보세요.

흐뭇함

흐뭇했던 느낌을 표현해 보세요.

덩실덩실

덩실덩실 춤추고 싶던 느낌을 표현해 보세요.

명상

아무런 생각 없이 고요한 마음을 표현해 보세요.

🏷️ 호기심

무엇일까요? 호기심 가득한 마음을 표현해 보세요.

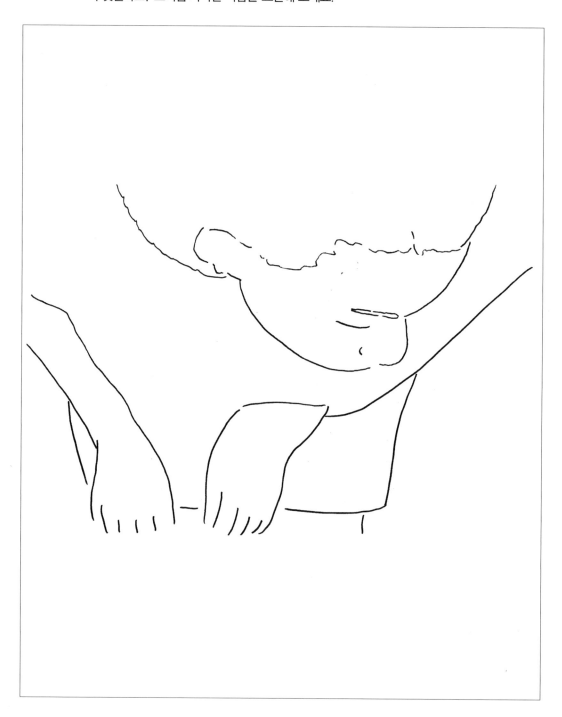

🏷️ 궁금증

어릴 적 어른들의 활동에 궁금해 하던 기억을 표현해 보세요.

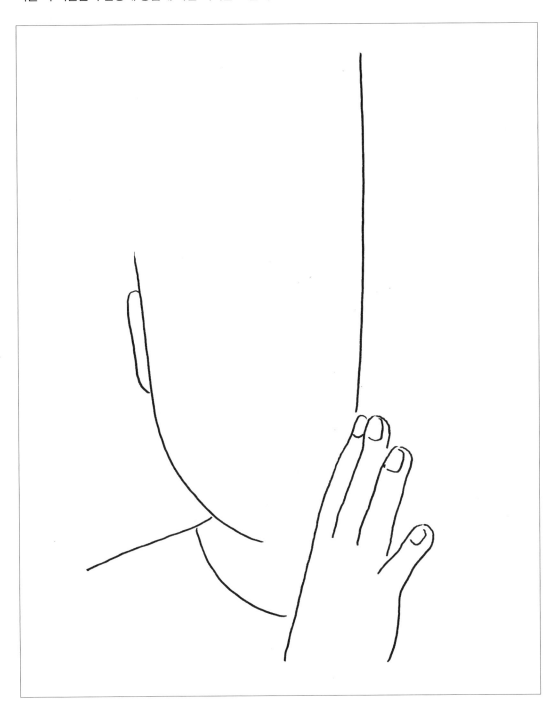

8. 부정의 감정

지침

지친 마음을 표현해 보세요.

염 려

염려하는 마음을 표현해 보세요.

근심

무엇에 대해 걱정하고 있는지 표현해 보세요.

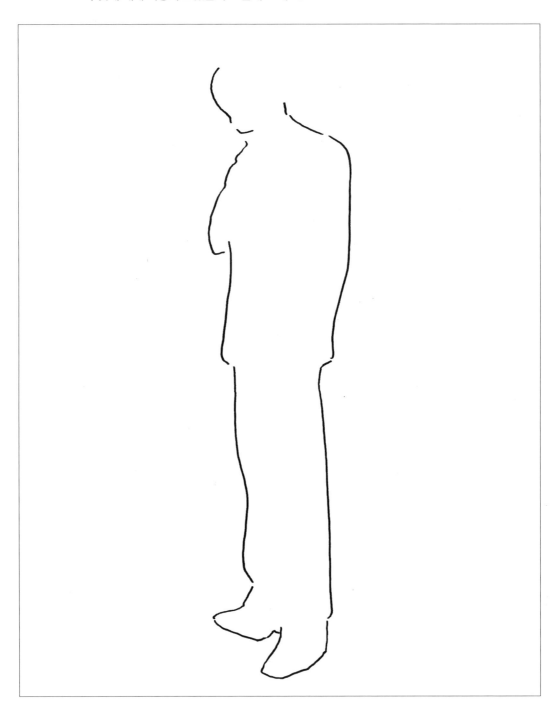

🏷️ 생 각

어떤 생각에 잠겨 있나요?

🏷️ 난감

어떤 상황에서 난감했나요?

놀 람

놀란 마음을 표현해 보세요.

슬픔

슬픈 마음을 표현해 보세요.

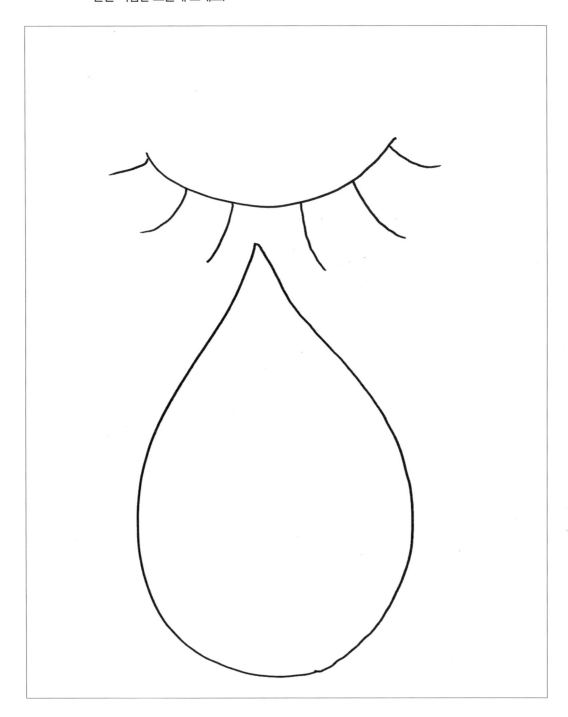

두통

머리 아픈 느낌을 표현해 보세요.

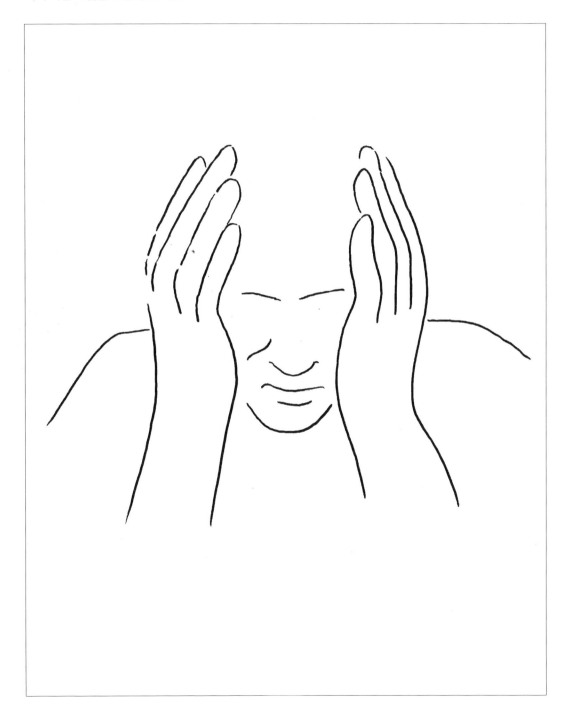

🏷 무기력

무기력한 느낌을 표현해 보세요.

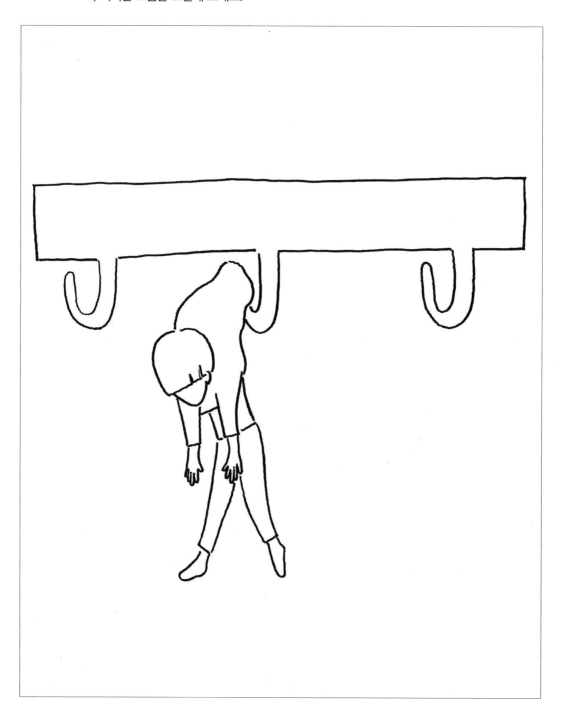

🏷️ 힘들고 지친 날

힘들고 지쳤던 날을 표현해 보세요.

🏷️ 지루함

매우 지루했던 일을 표현해 보세요.

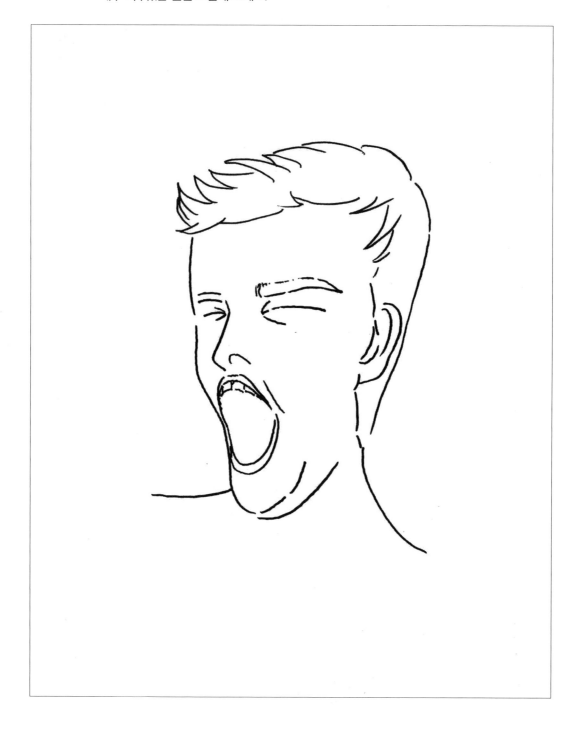

🏷️ 지적

누군가에게 지적을 받은 느낌을 표현해 보세요.

🏷️ 악 한

악하거나 비열하다고 생각되는 사람이 있나요?

아이고, 맙소사

'아이고, 맙소사'하고 말하게 되는, 갑자기 예상치 못한 일이 생긴 경우를 표현해 보세요.

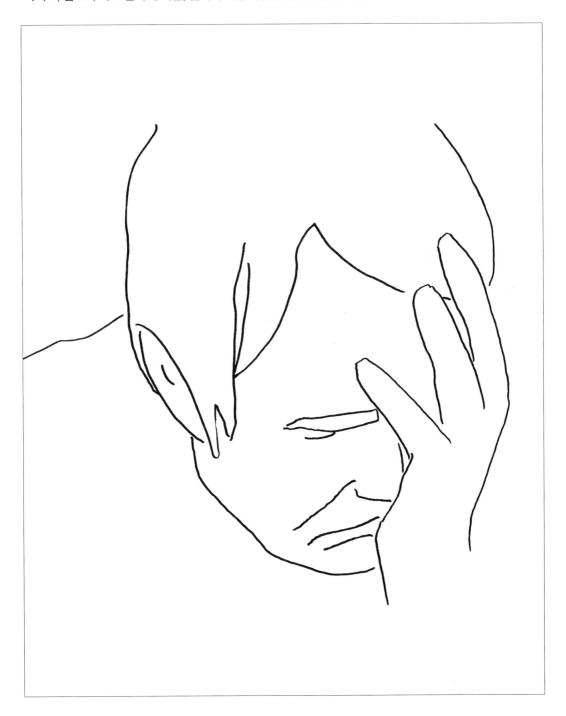

억압된 분노

건드리면 곧 폭발하게 될 분노를 표현해 보세요.

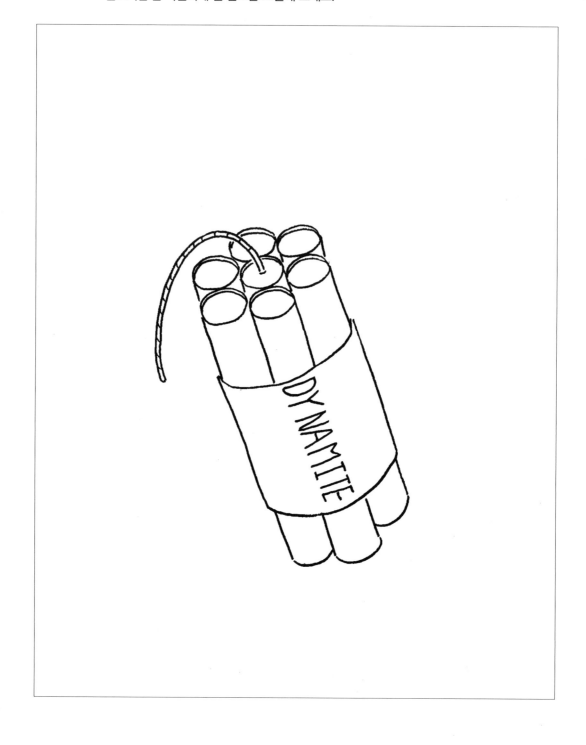

🏷️ 외로움

외로움을 표현해 보세요.

속상함

억울해서 눈물이 났던 일이나 속상함을 표현해 보세요.

슬픔

슬펐던 일을 표현해 보세요.

원 망

억울하고 힘든데 누구에게도 원망하지 못하는 마음을 표현해 보세요.

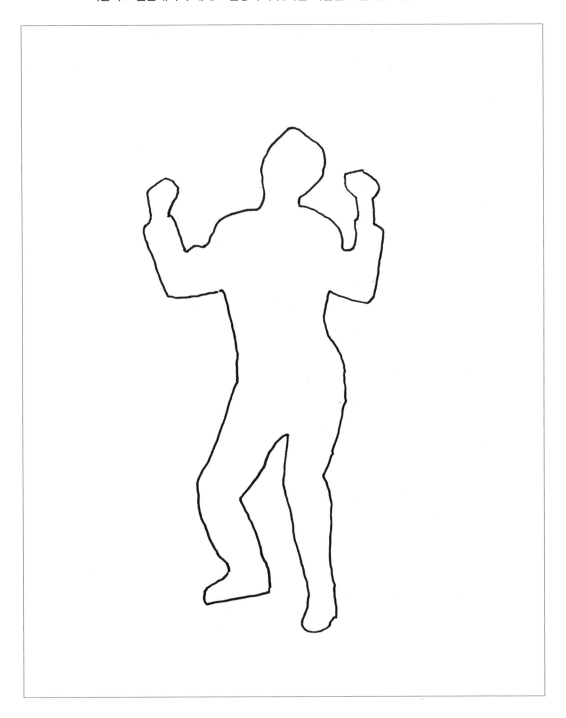

의심

무엇에 대해 믿음이 가지 않고 의심하게 되나요?

좌절

어떻게 할 수 없던 느낌을 표현해 보세요.

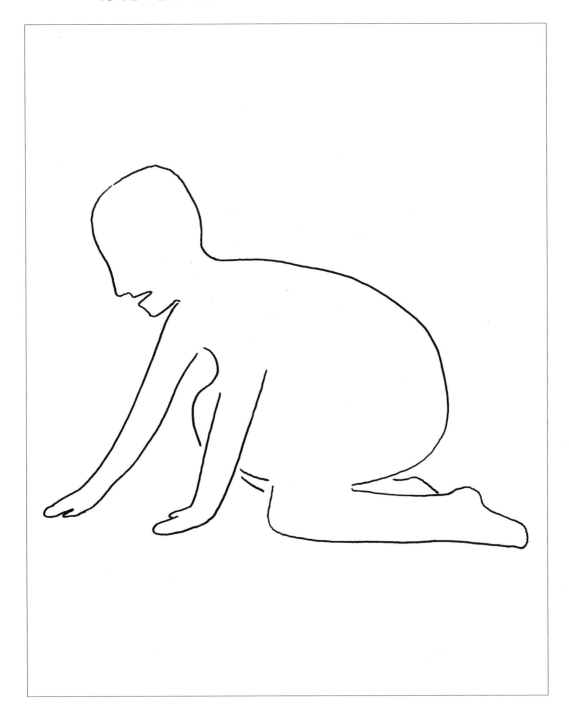

🏷️ 의욕 상실 1

기운이 빠졌던 느낌을 표현해 보세요.

의욕 상실 2

기운이 빠졌던 느낌을 표현해 보세요.

🏷️ 화 1

무척 화가 났던 느낌을 표현해 보세요.

화 2

무척 화가 났던 느낌을 표현해 보세요.

화 3

무척 화가 났던 느낌을 표현해 보세요.

권영걸, 김현선(2011). 쉬운 색채학. 서울: 날마다.

김선현(2009). 컬러가 내 몸을 바꾼다. 서울: 넥서스.

김선현(2013). 색채심리학. 서울: 이담북스.

노무라 준이치(2005). 색의 비밀(김미지자 역). 서울: 국제. (원저는 1994년 출간)

박영수(2012). 색채의 상징, 색채의 심리. 파주: 살림.

스에나가 다미오(2003). Color는 doctor(박필임 역). 서울: 예경. (원저는 1988년 출간)

이창재(2004). 프로이트와의 대화. 서울: 학지사.

한국색채심리치료협회(2013). Solution Color Light Therapy. 서울: 한국색채심리치료협회.

Birren, F. (1996). 색채의 영향(김진한 역). 서울: 시공사. (원저는 1977년 출간)

Corey, G. (2013). 심리상담과 치료의 이론과 실제(조현춘, 조현재, 문지혜, 이근배, 홍영근 공
        역). 서울: Cengage Learning.(원저는 1996년 출간)

Hall, C. S., & Nordby, V. J. (2004). 융 심리학 입문(김형섭 역). 서울: 문예출판사. (원저는
        1973년 출간)

Breaem, H. (2010). 색의 힘(이재만 역). 서울: 일진사. (원저는 1985년 출간)

Sun, H., & Sun, D. (2003). 내 삶에 색을 입히자(나선숙 역). 서울: 예경. (원저는 1992년 출간)

Von Goethe, J. W. (2003). 색채론(장희창 역). 서울: 민음사. (원저는 1810년 출간)

Verner-Bonds, L. (2008). 몸과 마음을 치료하는 색채(한창환 역). 서울: 국제. (원저는 1993
        년 출간)

Mitchell, S. A., & Black, M. J. (2002). 프로이트 이후: 현대 정신분석학(이재훈, 이해리 공역).
        서울: 한국심리치료연구소. (원저는 1995년 출간)

찾아보기

인 명

내 용

저자 소개

정은주 Jeong Eunju

미술치료학 박사
수련감독 미술치료전문가
색채심리분석사
색채심리상담사
현　울산 정앤정 미술치료연구소 소장
　　영남대학교 환경보건대학원 미술치료학과 겸임교수
　　울산대학교 평생교육원 미술심리지도사 과정 외래교수
저서　미술치료학개론(공저, 학지사, 2011)
　　미술치료기법II(공저, 학지사, 2013)

김정훈 Kim Jeonghun

경성대학교 미술학부 서양화 전공

색채심리
Color Psychology

2015년 7월 30일 1판 1쇄 발행
2018년 8월 20일 1판 2쇄 발행

지은이 • 정은주 · 김정훈

펴낸이 • 김 진 환

펴낸곳 • (주) **학지사**

04031 서울특별시 마포구 양화로 15길 20 마인드월드빌딩 5층

대표전화 • 02) 330-5114   팩스 • 02) 324-2345

등록번호 • 제313-2006-000265호

홈페이지 • http://www.hakjisa.co.kr
페이스북 • https://www.facebook.com/hakjisabook

ISBN 978-89-997-0705-6 93180

정가 17,000원

이 도서의 국립중앙도서관 출판시도서목록(CIP)은 서지정보유통지원시스템 홈페이지
(http://seoji.nl.go.kr)와 국가자료공동목록시스템(http://www.nl.kr/kolisnet)에서 이용하실
수 있습니다.
(CIP제어번호: CIP2015015208)

교육문화출판미디어그룹 학지사

학술논문서비스 **뉴논문** www.newnonmun.com
심리검사연구소 **인싸이트** www.inpsyt.co.kr
원격교육연수원 **카운피아** www.counpia.com
간호보건의학출판 **정담미디어** www.jdmpub.com